Christof Breitsameter

Liebe – und tu, was du willst

Franziskanische Akzente

herausgegeben von Mirjam Schambeck sf und Cornelius Bohl ofm

Band 40

CHRISTOF BREITSAMETER

Liebe – und tu, was du willst

THESEN ZUR KIRCHLICHEN SEXUALMORAL

echter

Herzlicher Dank geht an Elisabeth Herzog für die sorgfältige Zuarbeit bei den Korrekturen sowie an die Sponsorinnen dieses Bandes, die nicht genannt werden wollen.

Der Umwelt zuliebe verzichten wir bei diesem Buch auf Folienverpackung.

Bibliografische Information der Deutschen Nationalbibliothek

Die Deutsche Nationalbibliothek verzeichnet diese Publikation in der Deutschen Nationalbibliografie; detaillierte bibliografische Daten sind im Internet über ‹http://dnb.d-nb.de› abrufbar.

1. Auflage 2024
© 2024 Echter Verlag GmbH, Würzburg
www.echter.de

Umschlag: wunderlichundweigand.de
© Coverfoto: Mr. Nico / photocase.de
Innengestaltung: Crossmediabureau, Gerolzhofen
Druck und Bindung: Friedrich Pustet, Regensburg

ISBN
978-3-429-05942-2
978-3-429-06641-3 PDF
987-3-429-06642-0 epub

Inhalt

1. Die grundlegende Logik der traditionellen Sexualmoral ... 9
2. Zwei Klassen von Normen ... 15
   Starke Normen ... 16
   Schwache Normen ... 20
     Biblische Zeugnisse ... 21
     Die Abwertung der sexuellen Lust durch die christliche Theologie ... 26
   Augustinus ... 27
   Thomas von Aquin ... 31
     Zaghafte Veränderungen ... 39
3. Systematischer Zusammenhang ... 47
   Generativ folgenlose Akte ... 49
     Konsumatorisches und ludisches Begehren ... 49
     Der Mythos von der Ganzhingabe ... 51
     Was meint „offen für Zeugung"? ... 55
     Sexuelles Selbstverhältnis: Zur Beurteilung der Masturbation ... 57
   Gibt es Normen der Liebe? ... 60
     Ungeteilte Aufmerksamkeit ... 60
     Unersetzlichkeit und Einzigartigkeit ... 61
     Minimale Ehe ... 67
     Der Sinn von Normen ... 72

4. Eine kurze Bilanz	75
Anmerkungen	77
Zum Weiterlesen	83

Vorwort

Liebe, und dann tu, was du willst, so lautet ein berühmter, von Augustinus geprägter Satz. Folgt man seinem Wortlaut, müsste man schließen, vieles in unserer Welt ließe sich normieren, nur nicht die Liebe. Die Liebe scheint ihre eigene Norm zu sein. Nun wissen wir allerdings, dass sich die Gesellschaft in geradezu exzessiver Weise der Liebe bemächtigte, indem sie Formen und Normen kombinierte: Einige Erscheinungsweisen der Liebe wurden als erlaubt, andere als unerlaubt klassifiziert. Ziel dieser Abhandlung soll es schlichtweg sein, die Gründe dafür aufzudecken. Es wird sich zeigen, dass die traditionelle Sexualmoral einen nachvollziehbaren Sinn barg – abhängig von den gesellschaftlichen Verhältnissen, in denen sie entstand. Konsequent muss überprüft werden, ob dieser Sinn in der modernen Gesellschaft weiterhin existiert.

1. Die grundlegende Logik der traditionellen Sexualmoral

These 1: Die traditionelle Sexualmoral zielt auf die Hervorbringung legitimer Nachkommen.

Ich möchte im Verlauf dieser Überlegungen drei Vorurteile korrigieren: die traditionelle Sexualmoral sei ein Spezifikum der christlichen Theologie, sie sei weltfremd und sie wirke repressiv. Tatsächlich verbindet sich diese Moral mit verschiedenen Kulturen, zum Teil über viele Jahrhunderte hinweg: Nicht nur Zeugnisse im Alten und Neuen Testament, sondern auch in der griechischen und römischen Antike teilen mit der christlichen Theologie einen Bestand von Normen, die sexuelle Akte regeln. In den meisten Kulturen – auch in den drei genannten – wird die Fähigkeit, *Nachkommen* zu zeugen, von der gesellschaftlichen *Legitimation* zur Zeugung von Nachkommen getrennt. *Sachlich* ist damit auf das Vermögen abgehoben, Kinder auch zu ernähren und zu erziehen, *sozial* werden die möglichen Ehepartner bezeichnet, und *zeitlich* treten Geschlechtsreife und Eheschließung – zum Teil deutlich – auseinander. Eine geschlechtliche Verbindung war, wenn man so will, keine private Interaktion, sondern Teil eines sozialen Transaktionsprozesses. Sie wurde vielfach unter den Familien ausgehandelt. Wo sich Begehren und Zuneigung abseits familiärer Kalküle einstellten, konnte etwa eine frühe Verlobung oder Ehe diese Passion neutralisieren. Auch die Knabenliebe in der Antike mochte ein Weg gewesen sein, sexuelle Energien in gesellschaftlich erwünschte Bahnen zu lenken, und natürlich die Verehrung der gesellschaftlich nicht erreichbaren Frau im Mittelalter. Gleichwohl zeigen sich feine Differenzen, auf die ich eigens zu sprechen kommen werde: Der Vergleich von Aussagen der biblischen Schriften, der antiken Philosophie und der antiken Theologie zur sinnlichen Liebe erweist die Eigenständigkeit dieser drei Reflexionskulturen, die zwar in sich wiederum keineswegs homogen sind, aber doch charakteristische Eigenschaften aufweisen: die antike Philosophie in der *vernünftigen Begrenzung*, die biblischen Schriften in der *affektiven Entgrenzung* und die antike Theologie in der *erbsündlichen Bestimmung* der Liebe.

Normen, die die Erzeugung von Nachkommen auf gesellschaftlich legitimierte Formen beschränken, entwickelten sich in spezifischen gesellschaftlichen Verhältnissen. So war etwa im Mittelalter die Akzeptanz vorehelicher Beziehungen und illegitimer Kinder in wohlhabenden bäuerlichen Milieus oder beim privilegierten Adel häufig ausgeprägter als innerhalb des städtischen Handwerks.[1] Das Erfordernis, für die Erzeugung von Nachkommen das entsprechende Vermögen mitzubringen, führte dazu, dass Menschen, die nicht begütert waren, gar nicht oder erst spät heirateten bzw. die Zahl ihrer Kinder beschränkten. Die traditionelle Sexualmoral, wie hier vereinfachend formuliert werden soll, wird daher von einer gemeinsamen Logik getragen: Sie gilt der Erzeugung legitimer, also erbfähiger Nachkommen. Durch entsprechende Normen soll der Fortbestand einer Familie und einer Gesellschaft sichergestellt werden. Die grundlegende Institution dafür ist die Ehe. Von daher soll das erste Vorurteil widerlegt werden, die traditionelle Sexualmoral sei ein Spezifikum der christlichen Theologie.

Unmittelbar einsichtig ist, dass das Hervorbringen von Nachkommen für den Fortbestand einer Familie wie einer Gemeinschaft entscheidend ist. Außerdem hatte die Bindung einer Familie an Grund und Boden lange Zeit hohe Bedeutung. Ehe- und Erbrecht sind vor diesem Hintergrund traditionell eng miteinander verknüpft: Die Erzeugung von Nachkommen und die Weitergabe von Eigentum gingen in der Regel Hand in Hand. Deshalb lagerten sich an das Eingehen einer sexuellen Beziehung zahlreiche Normen und Riten an. Vor dem Hintergrund der Verknüpfung von Fortpflanzung und Eigentum war es nicht nur geboten, einfach Nachkommen, sondern legitime Nachkommen hervorzubringen. Wir können daraus schließen: Weil es (1) um den Fortbestand einer Familie sowie einer Gemeinschaft ging, wurde der Normierung sexueller Akte hohe Bedeutung zugemessen; weil es (2) galt, die Legitimität der Nachkommen zu sichern, kam, je nach Kontext, der Verlobung oder der Eheschließung ein besonderer Rang zu. Aus beiden Erfordernissen lassen sich die zwei dominanten Ziele der Ehe ableiten, nämlich das Hervorbringen von Nachwuchs und die Vermeidung von Untreue. Beide Zwecke ergeben, zusammengenommen, die *Hervorbringung legitimer Nachkommen*. Wenn neben der Ernährung auch die Erziehung der Nachkommenschaft hinzugezählt wird, ergibt sich ein weiteres klassisches Ziel der Ehe, nämlich die Beständigkeit einer Verbindung. Die Lehre von den Ehezwecken, die in der christlichen Theologie eine so bemerkenswerte Karriere entfaltete, ist hier bereits grundgelegt: Die Hervorbringung, Ernährung und Erziehung von Nachkommen innerhalb einer treuen und beständigen Lebensgemeinschaft der Gatten kennzeichnen die grundlegenden Zwecke der Ehe – auch in paganen Kontexten.

Von daher ist es nachvollziehbar, dass Heiraten strategisch eingesetzt wurden, um Wohlstand und Einfluss einer Familie zu sichern und, wo möglich, zu mehren. Wenn man vom Vermögen einer Familie spricht, sind darunter traditionell Güter genauso wie Ruhm und Ehre zu verstehen. Gesellschaften, in denen Heiraten aus politischen oder wirtschaftlichen Kalkülen heraus geschlossen wurden, werden auch als „Allianzgesellschaften" bezeichnet. Man wird die Institution der Ehe nicht auf die Funktion reduzieren können, familiäre Kalküle bzw. Verwandtschaftsstrategien zu vereinen. Doch war die Ehe Voraussetzung dafür. Selbstverständlich war eine Ehe nicht nur in die Generationenfolge der Familie, sondern auch in das soziale Gefüge eines Gemeinwesens eingebettet. Die Ehe war jedenfalls nicht, was uns heute selbstverständlich scheint, die Angelegenheit zweier sich liebender Menschen: Man gründete keine Familie, die Familie bestand ja schon. Vielmehr bestimmten Eltern (der *pater familias* nahm eine herausgehobene Stellung ein) bzw. Verwandtschaftsgruppen nach den Maßstäben von Stand und Vermögen, wen ihre Kinder heiraten sollten. Die Übereinkunft der Familien war von daher lange Zeit wichtiger als die Zustimmung der künftigen Gatten.

Leidenschaftliches Begehren wirkte in dieser Logik als Störfaktor gegenüber familiären Kalkülen. Deshalb wurde die passionierte Liebe in der griechischen und römischen Welt als Krankheit bezeichnet, die es zu heilen galt – eine Beschreibung, die noch lange Zeit nachwirken sollte. Liebe ist Passion, weil sie den Menschen überfällt und zu unüberlegten Handlungen anleitet, Handlungen, die geeignet waren, den vernünftigen Kalkülen von Familie und Gemeinwesen zu widerstehen. Man kann deshalb an der Liebe auch leiden, wenn das eigene Begehren sich nicht erfüllt – Ovids „Pyramus und Thisbe" ist ein berühmtes Beispiel dafür. Leidenschaftliche Liebe ist gefährlich, wenn es um die Aufrechterhaltung der sozialen Ordnung, sexuelle Neigung hinderlich, wenn es um die Erfüllung der ehelichen Pflicht geht. Es überrascht daher nicht, dass Liebe und Begehren nicht nur nicht als notwendige oder gar ausreichende Basis für eine Ehe angesehen wurden. Ehe und leidenschaftliche Liebe galten lange Zeit sogar als unvereinbar.

Allerdings wurden nur wenige Ehen im strengen Sinn arrangiert, weshalb junge Männer und Frauen meist beträchtliche Wahlmöglichkeiten genossen. Dadurch gab es zumindest Raum für affektive Bindungen, so dass Ehegatten einander freundschaftlich oder liebevoll zugetan sein mochten, wenngleich nicht mussten. Solche Gefühle konnten allerdings durch eine restriktive Heiratspraxis auch gelenkt sein. Man spricht dann von affektiver Konditionierung.[2] Bezeichnenderweise entstanden zu einer Zeit, in der solche Arrangements nicht mehr selbstverständlich waren, Abhandlungen, die sich mit den Ursachen des Begehrens auseinandersetzten und diese klassifizierten, je nachdem, ob sie als erwünscht oder unerwünscht galten. Diese Auseinandersetzung mit den affektiven Komponenten des Begehrens zeigt bereits an, dass persönliche Motive, also Gründe der Liebe für das Eingehen einer Beziehung, an Kraft gewannen, weshalb sie bei Bedarf zurückgedrängt werden sollten, was freilich immer weniger gelang. Dabei stand die Lebensgemeinschaft der Eheleute, die ja zusammenpassen sollten, im Vordergrund, nicht passionierte Liebe. Dies gilt auch noch für die mittelalterliche Diskussion, die den Affekten der Partner erstaunlich viel Raum gab, ohne der passionierten Liebe den Vorrang vor der Ehe zuzugestehen.

Wo Ehen arrangiert wurden, ging man davon aus, dass dem Akt der Eheschließung die Zuneigung der Partner schon folgen würde. Wir kennen zwar literarische Zeugnisse, die von Gefühlen aufrichtiger Liebe handeln, vor allem von Eifersucht, die ohne Liebe kaum denkbar ist. Diese Zeugnisse erscheinen aber stark idealisiert und stilisiert: Die Harmonie der Eheleute sollte die Harmonie der öffentlichen Ordnung widerspiegeln – ein Gedanke, der uns heute fremd geworden ist. Tatsächlich war es in der Antike eine gängige Vorstellung, dass Hausstand und Gemeinwesen in Einklang miteinander stehen sollen. Das emotionale und individuelle Moment in der Beziehung zweier Menschen, das wir „Liebe" nennen, mochte somit zu allen Zeiten existiert haben, es wurde nur nicht immer und überall als Basis der Ehe angesehen. Dass dort, wo die Ehe ein sexuelles Verhältnis zu legitimieren hatte, zwischen ehelicher Pflicht und sexueller Neigung unterschieden wurde, zeigt an, dass sich das Erleben des Begehrens jenseits von Pflicht und Neigung artikulierte und als unvergleichlich darstellte. Zumindest kann vermutet werden, dass Liebenden, solange das Paradigma der Ehe gesellschaftlich dominant blieb, kein Zeichensystem, also kein Medium für ihr Begehren zur Verfügung stand. Deshalb mussten sie die Zeichen „ihrer Liebe" erst finden und erfinden, während das Paradigma der Liebe solche Systeme allmählich hervorbrachte, allerdings nicht im Medium der Religion, sondern im Medium der Kunst. Deshalb darf das, was wir heute „Liebe" nennen, nicht ohne Weiteres mit dem identifiziert werden, was in einer Welt arrangierter Heiraten und gelenkter Gefühle als Liebe galt.

2. Zwei Klassen von Normen

These 2: Das Erfordernis legitimer Nachkommen evoziert starke und schwache Normen.

Die Verknüpfung von Reproduktion und Produktion, von (legitimer) Nachkommenschaft und dem Wohlergehen einer Familie sowie einer Gemeinschaft, brachte Normen hervor, die wir klassifizieren können: Aus dem Erfordernis der *Hervorbringung von Nachkommen* und dem Erfordernis der *Legitimität der Nachkommen* ergeben sich logisch zwei Klassen: starke und schwache Normen. Diese Klassifizierung ist aus der Behandlung der normierten Gegenstände erhebbar, das heißt angesichts der Zeugnisse, die uns zur Verfügung stehen. Man könnte statt von starken und schwachen Normen auch von einer mehr oder weniger strengen Normierung der entsprechenden Gegenstände und der mehr oder weniger rigiden Bestrafung von Übertretungen sprechen. Dies ist auch deshalb bemerkenswert, weil die christliche Theologie diesen nachvollziehbaren Unterschied im Lauf der Zeit kassierte: Sie kennt dann mit Blick auf unerlaubte sexuelle Akte nur noch schwere Verfehlungen, eine folgenreiche Entwicklung, der wir uns noch eingehend zuwenden werden.

Starke Normen

These 3: Starke Normen beziehen sich auf die Legitimität der Nachkommen.

Starke Normen sind dadurch ausgezeichnet, dass ihre Missachtung beachtliche Sanktionen oder zumindest die Androhung schwerwiegender Folgen nach sich zieht. Dies betrifft innerhalb der traditionellen Sexualmoral insbesondere sexuelle Akte vor und außerhalb der Ehe, Akte also, die die *Legitimität* der Nachkommen gefährden konnten.

Ableiten lässt sich daraus das *Verbot des Ehebruchs*, wie es beispielsweise im Alten Testament in Ex 20,14 und Dtn 5,18 formuliert ist. Ehebruch ist wörtlich zu verstehen: Ein Mann darf in die Ehe eines anderen Mannes nicht einbrechen. Die Frau wurde damals, so muss man hinzusetzen, als dem Mann zugehörig angesehen, besser gesagt: als seiner Herrschaft unterworfen. Das hatte beim Delikt des Ehebruchs zur Folge, dass es nicht darum ging, ob einer der beiden Beteiligten, sondern nur, ob die beteiligte Frau verheiratet war. Damit ist auch schon gesagt, dass bei Mann und Frau zweierlei Maß angelegt wurde: Der Mann brach nach dieser Auffassung nur die fremde Ehe, gleichgültig ob er verheiratet war oder nicht, die verheiratete Frau immer die eigene. Zentral ging es um die Sicherung der Rechte des Ehemannes an der Ehefrau, nicht um die moralische Pflicht der Treue unter Ehegatten, die ja symmetrisch formuliert sein müsste.

Der Ehebruch eines Mannes wurde somit nicht im Verhältnis zu seiner eigenen Frau sanktioniert, sondern nur insofern, als die Rechte des Mannes einer anderen verheirateten Frau tangiert waren. Ehebruch wurde, mit anderen Worten, nicht als Abbruch eines gegenseitigen, persönlichen Treueverhältnisses, sondern als Einbruch in die Herrschaftssphäre eines Mannes betrachtet. Dabei war die Herrschaft des Mannes über seine Frau in die Institution der Familie eingeordnet, die es zu schützen galt, weil sie die elementare Lebens- und Überlebensbasis bildete. Es ging demnach darum, lebenswichtige Belange der Familie wie auch der Gemeinschaft zu wahren. Nur so wird verständlich, dass die Missachtung dieses Verbots, die Ehe zu brechen, mit dem Tod bestraft werden konnte (wobei einschränkend hinzuzufügen ist, dass diese Option nur für den eindeutig bezeugten Ehebruch bestand, während der nicht durch Zeugen aufgeklärte Fall dem Ehemann nur die Möglichkeit gab, sich von seiner Frau zu trennen). Ob allerdings Exekution oder Scheidung tatsächlich übliche Rechtsfolgen des Ehebruchs waren, ist umstritten.

In der paganen Welt waren Frauen ebenfalls äußerst strengen Normen unterworfen: Ihre sexuelle Aktivität hatte ihren Platz ausschließlich innerhalb der Ehe, weshalb legitimer Geschlechtspartner allein ihr Ehemann war. Brachen sie die Ehe, hatten sie private wie öffentliche Sanktionen zu gewärtigen. Ihr Ehemann dagegen konnte (wenigstens vom Grundsatz her) sexuelle Beziehungen auch zu anderen Frauen pflegen. Dabei hatte er allein zu respektieren, dass eine Frau unter der Herrschaft eines anderen Mannes (nämlich ihres Ehemanns oder, vor der Ehe, ihres Vaters) stand. Hätte er sich darüber hinweggesetzt, wäre er, wie in Israel, massiv in die Sphäre des Betreffenden eingebrochen. Selbst wenn es die Idee gegenseitiger Treue nicht in der Art gab, wie sie uns heute vertraut ist, wurde von einem verheirateten Mann in der paganen Antike erwartet, dass er seine sexuellen Aktivitäten außerhalb der Ehe wenigstens einschränkte. Für Frauen sah diese Moral, so kann man zusammenfassen, vor, sich aller sexuellen Aktivitäten außerhalb der Ehe zu enthalten, für Männer bedeutete sie, ihr Begehren zu mäßigen. Die moralischen Forderungen waren somit zwischen Mann und Frau asymmetrisch verteilt, wobei eine Tendenz zur Monogamie erkennbar ist.

Dennoch (oder vielleicht gerade deshalb: gesellschaftliche Zwänge müssen nicht durch moralische Mahnungen stabilisiert werden) wandte sich die Moral nicht an die Frauen. Es handelte sich vielmehr um eine Moral, die von Männern an Männer – natürlich freie – adressiert war, folglich um eine männliche Moral, in der die Frauen nur als Objekte oder bestenfalls als Partnerinnen vorkamen, die es zu „formen, zu erziehen und zu überwachen"[3] galt, wenn man sie unter seiner Herrschaft hatte, und derer man sich enthalten musste, wenn sie unter der Herrschaft eines anderen Mannes standen. Dies schloss keineswegs aus, dass Frauen sich diese Moral auch zu eigen machten und sich insofern als deren Subjekte verstanden (wenn man die Unterscheidung von Subjekt und Objekt in einer spezifisch modernen Art überhaupt verwenden will). Die Moral versuchte nicht, ein Verhaltensfeld oder einen Regelbereich – natürlich mit den nötigen Differenzierungen – für die beiden Geschlechter zu definieren. Sie war vielmehr eine Normierung des männlichen Verhaltens vom Standpunkt der Männer aus, mit dem Ziel, ihrem Leben eine Form zu geben (im Unterschied zur Lebensführung der Frauen, die weitgehend durch gesellschaftliche Zwänge geformt wurde). Beim Mann wurden also sexuelle Beziehungen, die nicht nur mit Frauen, sondern auch mit Männern eingegangen werden konnten, wenngleich nur in maßvollem Umfang gepflegt werden sollten, auch außerhalb der Ehe geduldet, sie sollten nur nicht zu offen gezeigt werden.[4] Gleichwohl wurde von den Männern erwartet, mit der eigenen Frau sexuell zu verkehren, wohl weniger der persönlichen Zuneigung als vielmehr des sozialen Sinnes dieser Verbindung wegen: Den Frauen wurden dadurch Rechte beschieden, die ihren ehelichen Pflichten, und hier wohl vor allem ihrer Treue, entgegenkommen sollten. Nur vor diesem Hintergrund ist es überhaupt nachvollziehbar, dass von ehelicher Pflicht gesprochen wird, die allerdings mit der sexuellen Neigung, die ein Mann außerhalb der Ehe ausleben konnte, nicht übereinkommen musste: Den Männern wurde, wie gesagt, sexuelle Abwechslung zugestanden, den Frauen nicht. Der „Ehebruch" von Seiten des Ehemannes wurde allgemein als „bedauernswerte, aber nachvollziehbare Schwäche gedeutet"[5]. Allerdings wurde, wie ebenfalls schon erwähnt, in der paganen Antike der Konsens der Eheleute betont, was die Stellung der Frau stärkte. Das hatte zur Konsequenz, dass man den Ehebruch des Mannes in der römischen Gesellschaft als ähnlich gravierende Verfehlung zu bewerten begann wie den Ehebruch der Frau (für diese symmetrische Haltung gibt es auch einzelne Zeugnisse in der griechischen Gesellschaft), allerdings wurde die männliche Untreue, dieser Unterschied bleibt bestehen, nicht sanktioniert.

Natürlich waren auch sexuelle Akte *vor der Ehe verboten*, und hier wiederum in klarer Asymmetrie, also für Frauen: Sie standen entweder noch unter der Obhut ihres Vaters oder schon unter der ihres zukünftigen Mannes. Bei Männern hingegen wurden sexuelle Beziehungen vor der Ehe akzeptiert. Der Übergang zur Ehe war gestaffelt und wurde vertraglich geregelt. Staffelung bedeutet, dass eine Frau entweder inchoativ oder vollgültig verheiratet sein konnte. Bei der inchoativ verheirateten Frau wurde der Vertrag geschlossen und der Brautpreis übergeben, wobei die Verbindung ohne Ehescheidung aufgelöst werden konnte, die Frau war nach außen, nicht nach innen der vollgültig verheirateten Frau gleichgestellt. Wir können deshalb bilanzieren, dass starke Normen sexuelle Akte regulierten, die die Legitimität der Nachkommen gefährdeten. Das Gewicht dieser Norm lässt verständlich werden, dass das Brechen dieses Verbots starke Sanktionen nach sich ziehen konnte, und das Gewicht der zumindest angedrohten Sanktionen lässt die Bedeutung des Gutes erkennen, das geschützt werden sollte.

Schwache Normen

These 4: Schwache Normen beziehen sich auf die Erzeugung von Nachkommen.

Schwache Normen beziehen sich auf Akte, die nicht die Legitimität, sondern nur die Erzeugung von Nachkommenschaft betreffen. Darunter fallen drei Kategorien: (a) lustbetonte heterosexuelle Akte, die generativ folgenlos bleiben, ebenso wie (b) homosexuelle Akte, die nicht auf die Hervorbringung von Nachkommen ausgerichtet sind bzw. sein können, außerdem, logischerweise, (c) die Masturbation. Solange die Hervorbringung legitimer Nachkommen für eine Gemeinschaft überlebenswichtig ist, kann man alle sexuellen Akte, die diesem Zweck nicht dienen und in dieser Hinsicht gegen die soziale Vernunft und somit gegen die soziale Natur des Menschen gerichtet sind, als asozial bewerten. Sie sind dem Hedonismus der Beteiligten, nicht den Erfordernissen der Gemeinschaft geschuldet. Was homosexuelle Akte betrifft, tritt zur Erwartung, legitime Nachkommen zu zeugen, die Forderung, die Hierarchie der gesellschaftlichen Ordnung nicht zu verletzen: Der freie Mann hatte diesen Status zu wahren – ein Sachverhalt, den wir nun genauer erläutern müssen.

Biblische Zeugnisse

These 5: Die Bibel kritisiert nichtgenerative und statusverletzende sexuelle Akte.

Schauen wir zunächst auf die wenigen biblischen Zeugnisse, die von homosexuellen sowie von heterosexuellen Akten, die keine Nachkommen hervorbringen können bzw. sollen, handeln. Auch hier wird die inhaltliche Nähe zu den gesellschaftlichen Erwartungen, die in der paganen Antike zu beobachten sind, deutlich, und auch hier sticht die normative Behandlung lustbetonter Akte hervor, und zwar in den beiden eben diskutierten Hinsichten. Alttestamentlich wird der soziale Sinn der Abwertung homosexueller Akte in Lev 18 und in Lev 20 angesprochen. Der Sinn von Lev 18,22: „Und bei einem Mann sollst du nicht liegen, wie man bei einer Frau liegt. Es wäre ein Gräuel". erschließt sich von seinem Kontext her. Kurz davor – nämlich in Lev 18,21 – wird untersagt, einen von den eigenen Nachkommen „für den Molech hinübergehen zu lassen". Vermutlich ist damit das Verbot ausgesprochen, eigene Kinder für die persische Besatzungsmacht zur Verfügung zu stellen, was „eine Form der lukrativen

Kollaboration mit den Besatzern"⁶ darstellen mochte – eine Schädigung des Gemeinwohls wäre die vorhersehbare Folge. In Lev 18,23 geht es um das Verbot sexueller Akte mit Tieren, das an beide Geschlechter gerichtet ist. Auch hier soll eine Verminderung des generativen Sinns sexueller Akte verhindert werden, so wie Lev 18,19 den Geschlechtsverkehr mit einer menstruierenden Frau verbietet, der ja ebenfalls keine Nachkommenschaft erwarten lässt.⁷ Lev 18,22 richtet sich also ebenfalls auf eine Beeinträchtigung des generativen Verhaltens und damit des Gemeinwohls durch homosexuelle Akte. Die durch sexuelle Akte verursachte Statusverletzung wird ebenfalls thematisiert: Die in Gen 19 gebotene Erzählung aus der Stadt Sodom brandmarkt ganz einfach die Verletzung der Gastfreundschaft mittels gewaltsamer und damit demütigender homosexueller Akte, ähnlich verfährt Ri 19,22. Generell war die Ehre des Mannes in dieser Kultur mit einem aktiven, die Ehre der Frau mit einem passiven Moment konnotiert.⁸ Die Frau unterstand der Autorität des Mannes, denn ihre Ehre war in Wirklichkeit die Ehre des Mannes: In dieser Hinsicht ist der Mann aktiv, die Frau hingegen passiv. Wenn die Frau ihre Ehre verliert, dann mit Blick auf die Ehre des Mannes. Es war deshalb sozial unvorstellbar, dass sie bei sexuellen Akten eine aktive Rolle einnahm, so wie der Mann keine passive Rolle einnehmen durfte. Folglich fanden homosexuelle Akte unter Frauen keine Beachtung, während solche unter Männern von Bedeutung waren.⁹

In den neutestamentlichen Schriften ist von homosexuellen Akten ebenfalls nur spärlich die Rede, und auch hier berührt, ähnlich wie in paganen Kontexten, der Vorwurf der Feminisierung des Mannes die Verkehrung natürlicher

Rollen und Funktionen, was den Status innerhalb der gesellschaftlichen Ordnung betrifft. Ebenfalls Erwähnung findet der Vorwurf, zur Hervorbringung von Nachkommenschaft keinen Beitrag leisten zu wollen. Dazu tritt eine Kontrastierung von jüdischer und paganer Lebensweise, die dasselbe als Laster (unter anderen Lastern) brandmarkt, was auch in der hellenistisch-römischen Welt als Verfehlung gilt, so in 1 Kor 6,9f: Es handelt sich um eine Stelle, die mit dem Vorwurf der Verweichlichung und dem Vorwurf der Verweigerung des generativen, gemeinwohlorientierten Verhaltens arbeitet. Exakt davon sprechen in 1 Kor 6,9 der Begriff „μαλακοὶ" (vermutlich für die passive Rolle bei homosexuellen Praktiken) sowie der Begriff „ἀρσενοκοῖται" (wohl für die aktive Rolle bei homosexuellen Praktiken) – letzterer mit offensichtlichem Bezug auf Lev 18,22 und 20,19 (ganz ähnlich in 1 Tim 1,9f). Schließlich ist noch Röm 1,26f instruktiv: Dabei ist die Wendung „ihre Frauen vertauschten den natürlichen Verkehr mit dem widernatürlichen" (Röm 1,26) kaum auf homosexuelle Praktiken bezogen, zumindest lässt diese Formulierung das offen, einerseits weil Frauen mit Blick auf homosexuelle Akte gar nicht im Blick sind, andererseits weil wir erkennbar keine parallelen Formulierungen vor uns haben: Zunächst wird bemerkt, Frauen vertauschten den natürlichen Gebrauch mit dem gegen die Natur, und dann, Männer ließen vom natürlichen Gebrauch mit Frauen ab und bewirkten mit Männern Schande. Das lässt den Schluss zu, dass sich diese Einlassung auf Frauen und hier auf heterosexuelle Praktiken bezieht, die nicht den Zweck verfolgen, Nachkommen hervorzubringen. Die vernünftige und soziale Natur der menschlichen Geschlechtlichkeit besteht also in der Zeugung von Nachkommenschaft. Dazu passt auch die anschließende Bemerkung, „ebenso gaben die Männer den natürlichen Verkehr mit der Frau auf und entbrannten in Begierde zueinander" (Röm 1,27): Hier sind es Männer, die den ihrer Geschlechtlichkeit innewohnenden Sinn, nämlich die Fortpflanzung, verletzen, wenn sie sich gleichgeschlechtlichen Partnern zuwenden.[10] Heterosexuelle Beziehungen schlossen homosexuelle somit nicht aus. Deshalb wird man von einem kategorischen moralischen Verbot homosexueller Akte nicht sprechen können. Insgesamt wird von der Verletzung der generativen Pflicht sowie des sozialen Status (einschließlich der Gastfreundschaft) gehandelt – pagane und biblische Urteile sind also annähernd gleichlautend.

Zunächst soll noch einmal auf den erstaunlichen Sachverhalt hingewiesen werden: Die Abwertung homosexueller Akte und die Abwertung heterosexueller Akte, die beide keine Nachkommen hervorbringen, erfolgt – und zwar in der jüdischen, in der christlichen wie in der paganen Welt – aus denselben Gründen, nämlich mit dem Hinweis, sie seien gegen die soziale Natur des Menschen gerichtet. Der Vorwurf, homosexuelle Akte verkehrten die Rolle, die ein Mann in der Gesellschaft einzunehmen hatte, kann hier zurücktreten, auch weil er im Lauf der Zeit gegenüber dem Bestehen auf dem prokreativen Zweck sexueller Akte verblasste – offenkundig haben sich die Erwartungen an die Stellung des Mannes innerhalb der Gesellschaft und damit auch die Gesellschaft selbst verändert. Vordergründig bezieht sich die Abwertung homosexueller Beziehungen auf die *Unfähigkeit*, Nachkommen hervorzubringen, die Abwertung heterosexueller Beziehungen dagegen auf den *Unwillen*, Nachkommen hervorzubringen. Verkannt wird hier zumeist, wie hintergründig dieses Urteil gleichermaßen auf heterosexuelle wie auf homosexuelle Akte bezogen wird: Man sah Homosexualität als Neigung, nicht als Veranlagung an. Deshalb lautet der Vorwurf gegenüber homosexuellen Verbindungen, sie seien hedonistisch in ihren Motiven und asozial in ihren Folgen, könnten sie doch innerhalb von heterosexuellen Verbindungen die Nachkommen hervorbringen, auf die die Gesellschaft angewiesen ist.

Alle Normen, die sexuelle Akte regulieren, sind also nicht nur aus der kulturübergreifenden normativen Logik der Hervorbringung legitimer Nachkommen ableitbar (und daher, wie gesagt, auch nicht spezifisch christlich). Sie sind, und damit entkräften wir das *zweite Vorurteil*, auf diesem lebensweltlichen Hintergrund keineswegs weltfremd, sollen sie doch die Lebensgrundlage einer Familie ebenso wie das Wohlergehen einer Gemeinschaft sicherstellen. Vor- und außereheliche sexuelle Beziehungen sind, so lässt sich zusammenfassen, für Frauen verboten, jedenfalls sofern sie einem Mann (ihrem Vater oder Ehemann) unterstehen, für Männer nur, insofern die Rechte anderer Männer (also des Vaters einer Frau oder des Ehemannes) tangiert sind. Rein lustbetonte heterosexuelle bzw. homosexuelle Akte, aus denen keine Nachkommen hervorgehen sollen bzw. können, werden ebenso wie die Masturbation moralisch abgewertet. Der Vorwurf, es handle sich um rein hedonistische Handlungen, liegt in allen drei Fällen nahe und wird auch so formuliert: Wer in dieser Weise agiert, leistet nicht den erwartbaren Beitrag zur Reproduktion und somit zur Produktion einer Gemeinschaft. Wo die eheliche Pflicht erfüllt und für Nachkommen gesorgt wird, wird die rein lustbetonte sexuelle Neigung geduldet. Hier haben wir es mit den bereits erwähnten schwächeren Normen zu tun, im Gegensatz zu den stärkeren Normen, die sexuelle Akte vor und außerhalb der Ehe – bedingt für den Mann, unbedingt für die Frau – verbieten. Toleriert wurden bei Männern, die ihren generativen Beitrag zu leisten bereit sind, somit rein lustbetonte heterosexuelle Akte innerhalb wie außerhalb der Ehe sowie homosexuelle Akte (jeweils wiederum nur auf Männer bezogen, Frauen waren dabei kaum im Blick). Die Tatsache, dass Akte, die keine Nachkommen hervorbringen, den schwächeren Normen zugewiesen wurden, macht sich in der moraltheologischen Behandlung, etwa bei Augustinus, bemerkbar: Wo innerhalb einer Ehe die Hervorbringung von Nachkommen bei einem sexuellen Akt nicht intendiert ist, gilt das als lässliche Sünde; eine schwere Sünde liegt nur vor, wenn sexuelle Akte außerhalb der Ehe vollzogen werden, wenn also die Legitimität der Nachkommen gefährdet ist. Allerdings gab es innerhalb der christlichen Theologie auch rigorose Stimmen, die sexuelle Akte generell, also selbst innerhalb der Ehe und mit dem Ziel der Erzeugung von Nachkommen, als sündhaft bezeichneten.

Die Abwertung der sexuellen Lust durch die christliche Theologie

These 6: Die christliche Abwertung der sexuellen Lust soll die Ehelosigkeit rechtfertigen.

Nun gilt es, einen wichtigen Unterschied zu bedenken, der sich auf die erwähnte gestufte Verbindlichkeit bezieht: Die pagane Ethik hielt den einzelnen sexuellen Akt, der nicht auf die Erzeugung von Nachkommen abzielt, nicht für verwerflich, auch nicht in jener milden Form, die von der christlichen Ethik als lässliche Sünde bezeichnet wurde. Der paganen Philosophie war allein wichtig, dass ein Paar durch die Erzeugung legitimer Nachkommen seinen Beitrag zum Gemeinwohl leistete. Sie mahnte, die Lust solle den Menschen bzw. seine Vernunft nicht in einer gemeinschaftsschädigenden Form überwältigen, vielmehr solle sie auf vernünftige Weise in den Dienst des Gemeinwesens bzw. des Gemeinwohls gestellt werden. Wir kennzeichneten diese Haltung mit dem Begriff der vernünftigen Begrenzung des Begehrens. Problematisch war für diese Autoren die Maß- und Ziellosigkeit der Lust, nicht die Lust selbst, die als gut, weil natürlich, angesehen wird. Während sich die pagane Sicht auf die eheliche Verbindung als Ganzes bezieht, konzentriert sich die christliche Position auf einzelne sexuelle Akte.

Augustinus

These 7: Augustinus fordert eine Kompensation nichtgenerativer sexueller Akte.

Konsequent bezeichnet Augustinus jeden sexuellen Akt, der nicht auf Nachkommen abzielt, als Sünde, wenn auch als lässliche Sünde. Er verurteilt von daher den Gebrauch unfruchtbarer Perioden zum Zweck der Empfängnisverhütung, wobei die lässliche Sünde, die bei jedem ehelichen Verkehr entsteht, der nicht auf Nachkommen abzielt, durch Akte der Wohltätigkeit kompensiert werden kann.[11] Die entscheidende Demarkationslinie verläuft bei ihm nicht in der Unterscheidung von natürlichen und künstlichen Mitteln der Empfängnisverhütung, die in der damaligen Zeit bekannt war, sondern in der Unterscheidung von sozialen und asozialen sexuellen Akten. Daraus ergeben sich bemerkenswerte Konsequenzen.

Denn zunächst wird (1) mit dieser Aussage noch einmal der soziale Sinn des generativen Imperativs freigelegt: Niemand soll zum eigenen Vorteil und zum Nachteil der Gemeinschaft die Hervorbringung von Nachkommen verweigern. Wo ein Paar die Zahl seiner Nachkommen einschränkt, kann es Kompensation durch Wohltätigkeit leisten, wodurch der eheliche Verkehr entschuldigt wird. Innerhalb eines Gemeinwesens, das Paaren, die keine Kinder bekommen (wollen oder können), systematisch mehr steuerliche Lasten auferlegt, hätte Augustinus an der Praxis der Empfängnisverhütung nichts auszusetzen. Augustinus bezieht sich wohlgemerkt nicht auf Verbindungen, die keine Kinder bekommen *können*, sondern auf Verbindungen, die keine Kinder hervorbringen *wollen*. Zur damaligen Zeit wurden darunter nicht nur heterosexuelle, sondern auch homosexuelle Verbindungen gezählt, die, so dachte man, auf Neigung, nicht auf Veranlagung gründen. Deshalb müsste sich Augustinus aus heutiger Sicht auch mit der parallelen Behandlung der beiden Lebensformen einverstanden erklären. Wir berücksichtigen hier allerdings nicht, dass gleichgeschlechtliche Verbindungen sich zur Zeit von Augustinus nicht nur dem Vorwurf des asozialen Hedonismus, sondern auch dem der Verweichlichung, die der Souveränität des Staates abträglich ist, ausgesetzt sahen. Zudem galt die Ehe als Verbindung, die dem Ziel diente, legitime Nachkommen hervorzubringen. Wo klar ist, dass ein Paar keine Kinder bekommen will, wäre es – das deuten die einschlägigen Diskussionen zu diesem

Thema an – nicht berechtigt, eine Ehe einzugehen. Wenn man also davon ausgeht, dass Menschen, die in einer homosexuellen Verbindung leben, keine Kinder bekommen wollen, weil sie in einer heterosexuellen Verbindung Kinder bekommen könnten, wäre es zu schlicht, Augustinus unterstellen zu wollen, er sei mit dieser Lebensform einverstanden oder könne sich sogar gleichgeschlechtliche Ehen vorstellen. Wir werden diesen Sachverhalt im Folgenden berücksichtigen, indem wir zwei gegenläufige Paradigmen in der Zuordnung von Liebe und Ehe unterscheiden.

Nun müssen wir eine wichtige Entwicklung bedenken, die sich innerhalb der christlichen Theologie zutrug. (2) Kommen wir auf die Beobachtung zurück, dass Augustinus jeden einzelnen ehelichen Akt, der nicht auf Nachkommen zielt, als Sünde bezeichnet. Diese Haltung, die über die Vorstellung der Sozialpflichtigkeit sexueller Akte innerhalb der Ehe hinausgeht, ist nur durch die *Abwertung der Lust* selbst zu verstehen. Hilfreich ist der Vergleich von zwei fast gleichlautenden Aussagen durch Michel Foucault: Nach Julian von Eclanum, einem Gegenspieler von Augustinus, bedient man sich eines Gutes in guter Weise, wenn man das Maß der Begierlichkeit wahrt, nach Augustinus bedient man sich hingegen eines Übels in guter Weise, wenn man das Maß der Begierlichkeit wahrt.[12] Aus einem Gut wird ein Übel, in dieser Hinsicht zieht Augustinus einen deutlichen Trennstrich insbesondere zur paganen Antike. Verräterisch ist außerdem, dass an die Stelle des Begriffs „natürlich" der Begriff „fleischlich" tritt. Durch die Abwertung der sexuellen Lust, die als Übel bezeichnet wird, ist, zumindest was wir von Augustinus wahrnehmen, eine Sonderstellung der christlichen Theologie begründet, die wir mit dem Begriff der erbsündlichen Versehrtheit der sexuellen Lust kennzeichneten. Die biblischen Schriften dagegen kennen zwar strenge Regeln in Bezug auf sexuelle Akte, aber keine Verdächtigung des sinnlichen Begehrens selbst. Ihre wenigen Einlassungen zum Begehren sind von Sinnenfreude geprägt, die wir mit dem Begriff der affektiven Entschränkung charakterisierten. Von diesen Bemerkungen her können wir uns dem *dritten Vorurteil* zuwenden, das besagt, die traditionelle Sexualmoral sei als repressiv zu bezeichnen. Sie wirkte weitgehend durch soziale Kontrolle, und auch dort, wo es an Ermahnungen oder an Anreizen in Form von Belohnung und Bestrafung nicht fehlte, blieb ihr sozialer Sinn erkennbar. Tatsächlich leitete die christliche Theologie in dieser Zeit eine Wende ein. Durch die deutliche Abwertung der Lust entsteht eine Form der Sexualmoral, die spezifisch christlich, weltfremd und repressiv wurde.

Man kann die Frage stellen, wie es zu einer so gravierenden und folgenreichen Abwertung einer menschlichen Kraft kommen konnte, die die pagane Antike überwiegend als gut, weil natürlich bezeichnete, gut, solange sie jedenfalls der Vernunft gehorchte. Als plausibelste Antwort erscheint die einfache Annahme, dass dem ehelosen und enthaltsamen Leben in der christlichen Tradition eine hervorgehobene Stellung zugesprochen wurde. Weil es sich dem gleichen Vorwurf ausgesetzt sah, mit dem rein lustbetonte heterosexuelle und homosexuelle Akte konfrontiert waren, nämlich gemeinschaftsschädigend zu verfahren, weil daraus keine Nachkommen hervorgingen, musste der Ehelosigkeit bzw. Enthaltsamkeit ein besonderer Stellenwert attestiert werden. Die Strategie, die Augustinus verfolgt, besteht darin, das ehelose Leben auf- und die sexuelle Lust, auch innerhalb der Ehe, abzuwerten. Er verschiebt die rigorose Trennlinie zwischen Gut und Schlecht: Sie trennt nun nicht mehr die Enthaltsamen von den Verheirateten, sondern die Verheirateten von den Unzüchtigen. Der Ehe überlegen ist aber das Gut der Ehelosigkeit bzw. der Enthaltsamkeit. Die Ehe ist, wie man sagen könnte, ein Gut *an sich*, also nicht nur im Vergleich zu anderen sexuellen Verbindungen, denn sonst hätte man sie ja auch als das kleinere Übel gegenüber dem größeren Übel der Unzucht bezeichnen können. Sie ist es jedoch nicht *für sich*, gibt es doch das überlegene Gut der Enthaltsamkeit. Im Vergleich zu anderen Autoren nimmt Augustinus damit, wie gesagt, eine relativ gemäßigte, jedenfalls keine extrem rigorose Haltung zur menschlichen Sexualität ein. Wenn er das ehelose bzw. enthaltsame Leben auf- und die so genannte Begehrensliebe abwertet, verwehrt er jedoch eine Antwort auf die Grundfrage, warum das sexuelle Begehren selbst ein Mangel oder etwas Schlechtes sein soll.

Thomas von Aquin

These 8: Thomas von Aquin wertet verantwortete Elternschaft und sexuelle Lust auf.

Kommen wir erneut auf die parallele Behandlung heterosexueller und homosexueller Akte, die generativ folgenlos bleiben, zurück, indem wir auf eine mittelalterliche Position Bezug nehmen. Ausgangspunkt soll die Beobachtung sein, dass Thomas von Aquin die Erlaubtheit heterosexueller Akte auch Menschen zugesteht, die keine Nachkommen hervorbringen können, was sie faktisch homosexuellen Akten gleichstellt. Nun ist im Fall heterosexueller Beziehungen, die unfruchtbar sind, dem menschlichen Willen durch die Natur eine *kontingente* Grenze gesetzt, da sie nur einige betrifft, eine Grenze, die im Fall homosexueller Beziehungen – ebenfalls von Natur aus – *notwendig* existiert, weil sie alle betrifft. Der Vorwurf gegenüber homosexuellen Beziehungen lautet dann einfach, dass sie, wenn sie nur wollten, innerhalb heterosexueller Beziehungen Nachkommen hervorbringen könnten – wir waren auf diesen Umstand schon zu sprechen gekommen. Die Unfruchtbarkeit homosexueller Akte ist in diesem Urteil allein dem Hedonismus der Beteiligten geschuldet. Thomas von Aquin hätte – wie auch Augustinus – sicher nicht Menschen beigepflichtet, die innerhalb heterosexueller Beziehungen diese natürliche Grenze – dauerhaft oder auch nur einmalig – instrumentalisieren und ihrer sexuellen Lust ohne das zu intendierende Ziel der Erzeugung von Nachkommen frönen. Auch in solchen Fällen würde er den Vorwurf des Hedonismus erheben, der asozial wirkt, weil er der Gemeinschaft einen erwartbaren Beitrag, nämlich die Erzeugung von Nachkommen, versagt. Die Komplexität dieser normativen Parallelität besteht darin, dass der Vorwurf an homosexuelle Verbindungen nicht lautet, sie *können* (wie unfruchtbare heterosexuelle Paare) keine Nachkommen zeugen. Der Vorwurf lautet vielmehr: sie *wollen* keine Nachkommen zeugen, obwohl sie es innerhalb einer heterosexuellen Beziehung tun könnten, wenn sie nur wollten. Homosexualität war damals, wie schon betont, nicht als Veranlagung erkannt, sondern wurde als Neigung, als selbstgewählte Abweichung von dem, was als natürlich galt, behandelt. Man sah darin eine Neigung, die nicht naturgemäß genannt werden kann, sondern in einer naturwidrigen Haltung gründet, die zu unerlaubten, weil gemeinschaftsschädigenden Handlungen führt. Die Naturwidrigkeit rein lustbetonter heterosexueller wie homosexueller Akte bestand somit in der Schädigung des Gemeinwohls. Daher wird noch einmal verständlich: Wo der ehelichen Pflicht in gemeinschaftsfördernder Weise Genüge getan wird, wird die lustbetonte sexuelle Neigung durch die Gesellschaft zumindest geduldet, und diese Duldung galt wenigstens im paganen Kontext sowohl für heterosexuelle Akte innerhalb wie außerhalb der Ehe als auch für homosexuelle Akte (jeweils nur bei Männern, Frauen waren dabei nicht oder kaum relevant). Doch auch in christlichen Kontexten blieb diese nachsichtigere Einstellung erhalten.

Nun behandelt Thomas von Aquin den Begriff der Natur durchaus differenziert. Wenn es schlicht die Natur menschlicher Geschlechtlichkeit wäre, Nachkommen zu erzeugen, und wenn man ebenso schlicht fordern könnte, der Natur gemäß zu handeln, dann müsste man unter bestimmten Gerechtigkeitsforderungen eine wahllose, ungeordnete Zeugungspflicht konstatieren, was absurd ist. Ausdrücklich wehrt sich Thomas von Aquin gegen das Argument, der Geschlechtsverkehr, der unabhängig von den Gütern der Ehe erstrebt werde, bleibe ohne Sünde, sei er doch der Natur, wir würden nun sagen: der sozialen Natur gemäß. Thomas entgegnet auf diesen Einwand: Obwohl der Zweck des Geschlechtsverkehrs von Natur aus in der Erhaltung der Art bestehe, entschuldige dies den sexuellen Akt nicht. Nachkommenschaft allein zur Erhaltung der Art zu zeugen, bedeutete eine gewisse Verzweckung, wohingegen, modern formuliert, die Selbstzweckhaftigkeit einer Person auch ihre gedeihliche Ernährung und Erziehung erfordere – wir haben dies unter dem Stichwort der Legitimität diskutiert.

Die Tatsache, dass der Mensch nicht einfach seiner Natur folgen solle, womit eine krude Pflicht zur wahllosen Zeugung von Nachkommen begründbar wäre, sondern dass seine Vernunftnatur in Einklang mit seiner Sozialnatur zu stehen habe, erlaubt, ja fordert die Gestaltung der generativen Fähigkeit, die dem Einzelnen obliegt, jedenfalls sofern er damit auch den Belangen der Gemeinschaft Rechnung trägt. Schauen wir, um diese These zu untermauern, auf die natürlichen Neigungen (*inclinationes naturales*), die Thomas von Aquin für die praktische Vernunft als *rahmengebend* und insofern als *entwurfsoffen* konzipiert. Diese Formel soll gegen Verzerrungen verteidigt werden, und zwar in zwei Richtungen: gegenüber einer zu engen und einer zu weiten Deutung.

Wenn zu den natürlichen Neigungen die Erhaltung der menschlichen Art gezählt wird, kommt damit noch keine Handlungsregel zum Ausdruck: Dies ist mit den Begriffen des Rahmengebens und der Entwurfsoffenheit gemeint und gegen eine *zu enge Deutung* formuliert. Als normativ beachtenswert kann festgehalten werden, dass der Mensch einen angemessenen Beitrag zur Arterhaltung zu leisten hat, womit einer *zu weiten Deutung* widersprochen ist. Mit diesem Beitrag meint Thomas von Aquin eine äußere Handlung, weshalb für ihn die Tugend der Gerechtigkeit einschlägig ist. Äußere Handlungen sind dadurch gekennzeichnet und von inneren Handlungen unterschieden, dass sie die Belange anderer Akteure, also Gerechtigkeitsaspekte, berühren. Wenn die Erzeugung von Nachkommen nicht allein dem Wohl des Einzelnen, was selbstverständlich ist, sondern auch dem der Gemeinschaft dient, ist damit eine äußere Handlung gemeint. Von diesen äußeren Handlungen können einige als so grundlegend betrachtet werden, dass es ohne sie (bzw. ohne die durch sie realisierten Güter) kein Zusammenleben geben kann. Wo gegen diese Ziele, ohne die ein Zusammenleben nicht denkbar ist, verstoßen wird, ist bei Thomas von Aquin die Rede von in sich (per se) schlechten Handlungen. Zu überlegen ist allerdings, ob unter diese Kategorie auch rein lustbetonte heterosexuelle oder homosexuelle Akte fallen, solche also, die ohne Nachkommen bleiben.

Was die Erhaltung der menschlichen Art betrifft, ist zunächst tatsächlich ein gedeihliches Zusammenleben nicht ohne die Erzeugung von Nachkommen denkbar. Denn dadurch wird der Wohlstand einer Gemeinschaft gesichert oder sogar vermehrt. Wer keinen Beitrag dazu leisten will (vorausgesetzt wird, dass er es kann), handelt, wie schon gezeigt, asozial. Kann jedoch ein sexueller Akt, der nicht auf die Erzeugung von Nachkommen ausgerichtet ist bzw. die Zeugung von Nachkommen willentlich ausschließt, als per se schlechte Handlung bezeichnet werden? Mit einer solchen normativen Aussage würde eine Einschränkung vorgenommen werden, die gegenüber der positiven Bestimmung der *inclinationes naturales* bereits einen höheren Grad an Konkretisierung vornimmt, dabei freilich negativ ausfällt: Die per se schlechten Handlungen sagen nicht, was zu tun, sondern was zu lassen ist, weil es andernfalls dem Zusammenleben einer Gemeinschaft schaden würde, weshalb diese Perspektive, wie schon angedeutet, der Gesetzesgerechtigkeit unterstellt wird. Damit wird ein entscheidender Aspekt berührt, der in der Diskussion um die traditionelle Sexualethik bisher nicht wirklich beachtet wurde: Der Mensch hat, wie bereits angedeutet, nicht seiner Natur zu folgen. Seine Natur ist *Vernunftnatur* und, für diesen Zusammenhang entscheidend, *Sozialnatur*. Der bereits beleuchtete Vorwurf an denjenigen Akteur, der mit sexuellen Akten nur seine Lust anzielt, lautet, er handle hedonistisch asozial, weil er die Sozialpflichtigkeit seiner Sexualität verkennt.

Die Tatsache, dass der Mensch nicht einfach seiner Natur folgen solle, womit eine krude Pflicht zur wahllosen Zeugung von Nachkommen begründbar wäre, sondern dass seine Vernunftnatur in Einklang mit seiner Sozialnatur zu stehen habe, äußert sich allerdings nicht nur im Aspekt der äußeren Handlungen, die der Gerechtigkeit Rechnung tragen sollen, sie erlaubt, ja fordert die Gestaltung der generativen Fähigkeit, die dem Einzelnen und hier den inneren Handlungen obliegt, jedenfalls sofern er damit auch den Belangen der Gemeinschaft Rechnung trägt. In diesem Rahmen befürwortet Thomas von Aquin tatsächlich, was heute als „verantwortete Elternschaft" bezeichnet wird. Die Formulierung, die Zeugung von Nachkommen stelle den herausragenden Zweck menschlicher Sexualität oder auch der Ehe dar, ist von daher eine unzulässige Vergröberung der traditionellen Moralvorstellungen – ganz abgesehen davon, dass zeitgenössische naturwissenschaftliche Erkenntnisse eine Mehrzahl von Zweck- oder Sinndimensionen menschlicher Sexualität ausweisen, die von Natur aus offensichtlich keine hierarchische Ordnung kennen. Eine Hierarchie von Zwecken kann nur kulturell hervorgebracht sein, und hier dominiert die Legitimität der Nachkommen, wie gesagt, ihre reine Erzeugung. Selbstverständlich obliegt es auch in der traditionellen Sichtweise dem Urteil des Einzelnen, die Zahl seiner Nachkommen zu bestimmen, die ja ernährt und erzogen werden sollen, um einen Beitrag zum Wohl ihrer Familie wie der Gemeinschaft leisten zu können (ihr eigenes Wohl ist die Voraussetzung für das gemeinschaftliche Wohl). Allerdings ist die Auffassung, die reine Erzeugung von Nachkommen bilde den herausgehobenen Zweck menschlicher Sexualität, in der Abwertung der sexuellen Lust durch Augustinus grundgelegt. Denn er fordert ja genau deshalb, dass jeder einzelne Akt auf die Hervorbringung von Nachkommen ausgerichtet sein soll und dadurch entschuldigt wird.

Weithin galt es, die Nachkommenschaft nicht zu begrenzen, sondern – im Gegenteil – zuallererst zu sichern. Nur den Reichsten und den Ärmsten musste an einer Begrenzung ihrer Nachkommenschaft gelegen sein, den einen, weil sie ihr Vermögen nicht zersplittern lassen, den anderen, weil sie ihre Lebensgrundlage nicht gefährden wollten. Die individuell vernünftige Begrenzung der Nachkommen war freilich, wie wir sahen, nur erlaubt, wenn zugleich der erwartbare Beitrag zum Gemeinwohl geleistet wurde. Auch wenn das generative Verhalten auf kluge Weise konkret selbst bestimmt werden darf und soll, je nach den Umständen, in denen Menschen handeln, darf die Pflicht, dadurch einen Beitrag für die Gemeinschaft zu leisten, nicht konterkariert werden. Umgekehrt darf die allgemein bestehende natürliche Neigung zur Arterhaltung normativ nicht so überdehnt werden, dass daraus unangemessene, weil unleistbare Forderungen der Gemeinschaft dem Einzelnen gegenüber entstehen, sofern nämlich die konkreten Umstände, unter denen einer handelt, außer Acht bleiben.

Vor diesem Hintergrund findet Thomas von Aquin im 13. Jahrhundert zu einer bemerkenswerten Bewertung der sexuellen Lust. Dabei steht er dem Denken seines Lehrers Albertus Magnus nahe, der lehrt, nicht die Lust selbst, sondern nur die Verdunkelung der Vernunft durch die *concupiscentia*, die uns das höchste Gut aus den Augen verlieren lässt, sei schlecht. Wie Albertus Magnus betont Thomas von Aquin die natürliche Gutheit des Sexualaktes sowie die Gutheit von Begehrlichkeit und Lust, die er als naturgemäß bezeichnet, weil sie von Gott geschaffen sind. Wie sollte das, wozu die Natur hinneigt (weil Gott es so eingerichtet hat), als schlecht bezeichnet werden können? Anders gesagt: Die von Gott geschaffenen natürlichen Neigungen können nicht auf an sich Schlechtes gerichtet sein. Somit wehrt Thomas die rigorose These ab, der zufolge jede geschlechtliche Betätigung (also auch der innerhalb der Ehe auf rechtfertigbare Weise vollzogene Akt) sündhaft sei. Die Lust wird nach diesem Verständnis nicht länger – abgesondert vom Geschlechtsakt – als eine selbstständige negative Größe neben dem Ehevollzug angesehen. Vielmehr ist sie, wie die Lust bei jeder Tat, dessen Vollendung – hier folgt Thomas erkennbar Aristoteles. Deshalb tendiert Thomas in einer positiven Wendung zu der Wertung, beim im richtigen Sinn vollzogenen Geschlechtsverkehr dürfe die dazugehörige Lust als ein Gut bejaht werden. Ein erster Hinweis, der diese Deutung stützt, besteht darin, dass Thomas von der natürlichen Gutheit der Lust ausgeht, die auch auf schlechte Weise gebraucht werden kann. Die Lust, die mit einer guten Handlung verbunden ist, ist gut, die Lust, die mit einer schlechten Handlung verbunden ist, ist schlecht. Er sagt also nicht, eine Handlung, die die Lust auf gute Weise gebraucht, sei gut; denn eine solche Aussage ließe es zu, die Lust – wie wir bei Augustinus gesehen haben – grundsätzlich als Übel zu behandeln, und zwar so, dass sie auf gute und auf schlechte Weise gebraucht werden kann. Ein zweiter Hinweis besteht in der Bemerkung, der Zweck der

Lust sei der Geschlechtsverkehr (man müsste hinzufügen: mit dem Ziel, Nachkommen zu erzeugen) und nicht der Zweck des Geschlechtsverkehrs die Lust. Ungebührlich sei der sexuelle Akt, wenn er allein der Lust wegen ausgeübt werde. Man wird aus diesem „allein aus Lust" nicht folgern können, dass die Lust auch angezielt werden darf, doch scheint sie als Vollendung der Handlung, die sie begleitet, bejaht werden zu dürfen. Zumindest findet sich keine Bemerkung, der zufolge man in die unvermeidliche Lust nicht einwilligen dürfe oder ihr sogar mit Missfallen begegnen müsse. So muss nicht länger der Gebrauch der Lust, die ein Übel ist, entschuldigt werden, vielmehr gilt der rechte Gebrauch der Lust, die ein Gut darstellt, als verdienstvoll und tugendhaft.

Zaghafte Veränderungen

These 9: Ab dem 15. Jahrhundert gibt es Ansätze für die Rehabilitierung der sexuellen Lust.

Etwa ab dem 15. Jahrhundert lässt sich eine folgenreiche Entwicklung beobachten, die ein verständnisvolleres Licht auf das Erstreben von sexueller Lust wirft: Die von Augustinus geprägte, wenngleich später vielfach veränderte Behandlung des sexuellen Begehrens wird zurückgedrängt. *Martin Le Maistre* begründet das neue Verständnis vielleicht am deutlichsten: Ist der eheliche Akt nicht auf die Hervorbringung von Nachkommen ausgerichtet, wird die eheliche Keuschheit dadurch keineswegs beschädigt. Le Maistre nimmt dabei den antiken Maßhaltungsgedanken auf, wandelt ihn jedoch leicht ab: Zum einen gilt es, die Mitte zwischen Unmäßigkeit und Unempfindlichkeit zu finden; zum anderen lässt sich die menschliche Vernunft, wenn sie in Gefahr steht, durch das sinnliche Begehren getrübt zu werden, gerade durch das Empfinden sexueller Lust beruhigen. Es gilt also nicht, die Lust zu beherrschen, sondern ihr – freilich maßvoll – nachzugeben, um nicht von ihr beherrscht zu werden und zu einer souveränen Vernunft zurückzufinden. Daran zeigt sich, dass der Aspekt der sozialen Vernunft zurückgetreten ist, sexuelle Akte innerhalb der Ehe also individueller behandelt wurden, als dies bislang der Fall war. Die Lust als *Mittel* zu suchen, ist keine Sünde. Damit wird der Gedanke abgewehrt, das Suchen der Lust sei mindestens leichte, wenn nicht gar schwere Sünde.

John Major scheint es im 16. Jahrhundert sogar als erlaubt anzusehen, die Lust als *Ziel* zu suchen. Er bemerkt, es könne doch nicht Sünde sein, mit der eigenen Frau der sexuellen Lust wegen zu verkehren. Im Vergleich dazu: Der Römische Katechismus von 1566 verbietet den ehelichen Verkehr um der Lust willen, auch wenn das Motiv, durch den ehelichen Verkehr Untreue bzw. Unzucht zu vermeiden, keine Erwähnung mehr findet. Nun kann man natürlich zu bedenken geben, solche Aussagen spiegelten weniger eine theologische Auffassung als vielmehr eine pastorale Haltung wider, die der sexuellen Lust verständnisvoller begegnet, als dies in den gestrengen Traktaten der Fall gewesen sein mochte. Diese eher pragmatischen Zugänge zeugen demnach von Spannungen innerhalb des moraltheologischen Diskurses, zwischen theologischer Theorie und seelsorglicher Praxis. Immerhin wird dadurch deutlich, dass diese Spannungen reflektiert wurden, was zu einer differenzierteren normativen Behandlung der sexuellen Lust führt. Zugleich wird der Begriff der Intention in der Zeit vom 12. bis zum 15. Jahrhundert immer deutlicher der subjektiven Absicht und nicht vor allem dem objektiven Ziel zugeschrieben. Konsequent wird eine Pluralität möglicher Ziele, die nicht koordiniert oder hierarchisiert sind, als legitim angenommen. Thomas Sanchez bezieht sich im 16. Jahrhundert auf die mentale Einstellung eines verheirateten Paares, dessen Ziele, nämlich die Erzeugung von Nachkommenschaft, die Vermeidung von Untreue und Unzucht oder einfach die Freuden der sinnlichen Liebe, gar nicht mehr thematisiert werden müssen. Der sexuelle Verkehr muss nicht durch eines dieser Ziele gerechtfertigt oder als sündhaft bewertet werden. Die Ehe selbst rechtfertigt den Geschlechtsverkehr, was nahe an der von Aristoteles ausgeführten Position liegt. Es genügt, kein schlechtes Ziel anzustreben, es muss kein gutes Ziel angezielt werden. Die Zwecke der Ehe werden so gesehen pluralisiert und egalisiert: Wer „Lust allein" erstrebt, so argumentiert Sanchez, begeht eine lässliche Sünde. Die Isolierung dieses Zwecks wird nun allerdings als Abstraktion durchschaut. Denn die lebensweltliche Konkretion zeigt das gegenteilige Bild: Wenn ein verheiratetes Paar miteinander geschlechtlich verkehrt, wäre es eine unzulässige Unterstellung zu behaupten, es suche „allein" Vergnügen, Nachkommenschaft oder Vermeidung von Untreue und Unzucht. Von einer Positivwertung der Liebe ist Sanchez allerdings noch weit entfernt. Genauer gesagt, ist die Liebe zweier Menschen für ihn mit Blick auf die Ehe ohne Relevanz.[13]

Schon zuvor, nämlich ab dem 13. Jahrhundert und etwas häufiger im 14. Jahrhundert, waren Gründe für die Begrenzung der Nachkommenschaft durch Kanonisten und Theologen diskutiert worden. Gründe, die es geraten erscheinen lassen konnten, keine Nachkommen zu zeugen, oder die ein solches Verhalten zumindest entschuldigten. Immerhin signalisiert diese aufkeimende Diskussion ein gewisses Verständnis für die Beschränkung der Kinderzahl. Die Zahl der Nachkommen mag vor allem begrenzt werden, wenn ein Paar nicht mehr Kinder bekommen will, als es ernähren und erziehen kann. Hier ist der soziale Status bzw. das Vermögen einer Familie von Belang (wobei die Erziehung der Kinder gegenüber ihrer bloßen Ernährung merklich an Bedeutung gewinnt). Berücksichtigt wurde also – ab dem 16. Jahrhundert vermehrt – nicht nur das Wohlergehen künftiger, sondern auch und zunehmend das Wohl der schon geborenen Kinder, das durch weitere Nachkommen über Gebühr geschmälert werden könnte, wobei diese Gründe umstritten blieben und natürlich Gegenstimmen existierten. Damit wird die Konzeption, die wir bei Thomas von Aquin abstrakt rekonstruierten, konkret ausgestaltet. Ein weiterer Grund für die Beschränkung von Nachkommen, der erörtert wird, ist therapeutischer Natur, wenn nämlich eine weitere Schwangerschaft die Gesundheit der Mutter gefährden könnte. Ein Argument, das von Kanonisten und Theologen nur zögerlich, um nicht zu sagen widerstrebend aufgebracht wurde. Dies ist nicht verwunderlich, behandelte die traditionelle Moral Frauen doch als Objekte, nicht als Subjekte. In dieser Diskussion ging es keineswegs nur um natürliche oder künstliche Methoden der Empfängnisverhütung, sondern auch um das enthaltsame Leben eines Ehepaares, das ja der Vermeidung oder Begrenzung von Nachkommenschaft dienen konnte. Ein Mittel, das, wie wir sahen, den klassischen Vorwurf, asozial zu handeln, auf sich zog. Wenn eine Frau den ehelichen Verkehr, zu dem sie ja verpflichtet war, verweigerte, fand dies immerhin Verständnis, was vermutlich auf dem Weg über die Beichtväter genährt wurde. Auch sozialer Druck konnte ein Motiv sein, die Zahl der Nachkommen zu beschränken, wenn nämlich irreguläre Verbindungen im Spiel waren, etwa unter der Beteiligung von Personen, die dem Zölibat verpflichtet waren und die Empfängnisverhütung der Abtreibung vorzogen. Es waren dann Kleriker, die die Verwendung von Verhütungsmitteln veranlassten.

Auch in dieser Hinsicht finden wir zahlreiche verständnisvolle Stimmen, von denen wir einige herausgreifen, um zu zeigen, dass sich innerhalb der Theologie ein deutlicher Wandel vollzog. Dominico de Soto etwa, der im 16. Jahrhundert schreibt und in der Bewertung der sexuellen Lust wie John Major denkt, spricht sich für Enthaltsamkeit aus. Er dreht die traditionelle Lehre in einer Weise, dass das Ziel der Ehe, nämlich die Erzeugung und vor allem die Ernährung und Erziehung von Nachkommen, nun limitierend wirken kann, weniger, wie schon erwähnt, wenn das Wohl künftiger Kinder nicht gesichert, als vielmehr wenn das Wohl schon existierender Kinder durch eine weitere Geburt geschmälert werden würde – er bezieht sich tendenziell auf das Milieu der Unterschicht. Sotos Sicht fand übrigens keinerlei Resonanz im Katechismus des Peter Canisius und ebenso wenig im Römischen Katechismus (wo Enthaltsamkeit innerhalb der Ehe nur zum Zweck des Gebets erlaubt wird). Doch nicht nur Enthaltsamkeit wird bei den aufgeschlossenen Theologen als Mittel zur Begrenzung von Nachkommenschaft akzeptiert, auch jene Form sinnlicher Liebe, in der sich der sexuelle Akt nicht vollendet, wurde als legitim angesehen – freilich nur, wenn ein Paar in Armut lebte, und nur bei gegenseitiger Zustimmung.¹⁴ Von denjenigen Autoren, die sich damit einverstanden erklärten, wird auf diese Weise zugleich das Streben nach Lust akzeptiert. Sotos Argument wurde gegen Ende des 16. Jahrhunderts von Peter Ledesma aufgenommen: Die uns bereits bekannten Nachteile in Bezug auf das Vermögen wie auch mit Blick auf die Reputation einer Familie konnten Gründe für sexuelle Enthaltsamkeit sein, wobei hier nicht nur das leibliche Wohl der Nachkommen, sondern auch ihr geistiges Wohl, das die Erziehung hervorzubringen hatte, Beachtung fand. Ähnlich formuliert es Thomas Sanchez zu Beginn des 17. Jahrhunderts.¹⁵ Auch die – ebenfalls schon erwähnte – persönliche Situation einer Mutter wurde mehr und mehr als Grund dafür anerkannt, den ehelichen Verkehr zu unterlassen oder natürlich auch zu verweigern – erkennbar wird hier auf ein einseitiges, nur durch die Frau vorgebrachtes, persönliches Motiv rekurriert, dem sich der Mann dann nicht widersetzen sollte.

Wir sehen also nicht nur eine Tendenz zur Akzeptanz subjektiver Gründe, die objektiv kaum mehr eingeschränkt waren, sondern zudem eine Tendenz zur Akzeptanz individueller Gründe, die danach drängten, vom Ehepartner geteilt zu werden. Auch wenn es in normativer Hinsicht eine Vergewaltigung innerhalb der Ehe nicht gab (die eigentlich gravierende Verfehlung war ja weiterhin das Streben nach sexueller Lust), zeigen sich zarteste Anzeichen dafür, die Selbstbestimmung der Frau zu respektieren, moralische Ansprüche, die die Frau betreffen, also nicht nur an den Mann zu richten und auch nicht mit Blick auf die Kinder zu formulieren. Auffällig ist, dass wir uns hier schon in einer Art von Mittelschicht bewegen, die Vermögen hat und der nun zugestanden wird, durch ihren Beitrag zum Gemeinwohl keine Nachteile erleiden zu müssen. Die Erzeugung von Nachkommen soll also Vorteile für die Familie selbst bringen – wir sahen diese abwägende Haltung implizit schon bei Thomas von Aquin vertreten, sie wird nun allerdings explizit formuliert. Freilich gab es auch im 16. und 17. Jahrhundert noch Stimmen, die sexuelle Enthaltsamkeit nur in Fällen extremer Armut als legitim ansahen. Die Oberschicht konnte sich solchen moralischen Einflussnahmen schon durch ihre privilegierte Stellung entziehen und eheliche Pflicht von sexueller Neigung trennen.

Man wird die Ursachen dieser Veränderungen sorgfältig deuten müssen: Zum einen erlaubt eine komplexere und differenziertere Gesellschaft das Auseinandertreten von Reproduktion und Produktion – wo die Qualität der Produktion zunimmt, kann die Quantität der Reproduktion abnehmen. Es kommt also mehr und mehr darauf an, Nachkommen gut zu erziehen und intensiv auszubilden. Zum anderen treten offenbar Gerechtigkeitsaspekte stärker hervor: Wo ungleiche Voraussetzungen herrschen, können durch die Gesellschaft auch ungleiche Forderungen erhoben werden. Die theologischen Debatten verzichten nicht nur darauf, eine absolute Zahl zu nennen, auch ein relativer Maßstab, bezogen auf die durchschnittliche Zahl von Kindern, die es des Gemeinwohls willen zu erreichen gilt, wird ausdrücklich vermieden. Stattdessen wird auf das in der Gesellschaft ungleich verteilte Vermögen einer Familie, Nachkommen hervorzubringen, Rücksicht genommen. Umgekehrt wird es als gemeinwohlschädigend betrachtet, wenn der familiäre Vorteil auf Kosten des gesellschaftlichen Nachteils gesucht wird. Man könnte auch sagen: Wo sich der Ausgleich von familiärem und gesellschaftlichem Vorteil bei der Erzeugung von Nachkommen annähernd von selbst einstellt, muss das prokreative Verhalten nicht motiviert werden. In Fällen, in denen ein Paar seine Nachkommen beschränkt, kann die Förderung des Gemeinwohls auch anderweitig erbracht werden – dies ist ja, wie wir gesehen haben, der Sinn der Behandlung entsprechender Akte als leichte Sünde. Wo dagegen familiäre und gesellschaftliche Kalküle auseinandertreten, wird die Beschränkung von Nachkommen auf der einen Seite tendenziell als schwerwiegendes Vergehen gegenüber dem Gemeinwohl betrachtet; auf der anderen Seite werden Entschuldigungsgründe geltend gemacht, die ein solches Verhalten rechtfertigen, je nachdem, ob ein nicht zu rechtfertigender familiärer Vorteil oder ein nicht zu rechtfertigender familiärer Nachteil zur Diskussion steht.

3. Systematischer Zusammenhang

These 10: Das Paradigma der Liebe löst das Paradigma der Ehe ab.

Im Folgenden wird ein moderner Blick auf den Zusammenhang von Liebe und Ehe aus systematischer Sicht geworfen. Greifen wir dazu die Bemerkung auf, die traditionelle Zuordnung betone den Vorrang der Ehe vor der Liebe. Es darf demnach zwar eine Ehe ohne Liebe, nicht jedoch Liebe ohne Ehe geben. Wir hatten angedeutet, dass eine folgenreiche Veränderung sich nicht innerhalb der Theologie, sondern innerhalb der Kunst zutrug: Die Dichter besangen die Liebe zweier Menschen unabhängig von der Ehe. Sie vertraten, wenn man so will, den Vorrang der Liebe vor der Ehe. Demnach darf es keine Ehe ohne Liebe, eher Liebe ohne Ehe geben. Es ist nun wichtig zu sehen, dass die beiden Paradigmen unvereinbar sind. Entweder folgt man dem Vorrang der Ehe vor der Liebe, der eheliche Treue asymmetrisch formuliert und für den eine Vergewaltigung innerhalb einer Ehe normativ inexistent ist; oder man folgt dem Vorrang der Liebe vor der Ehe, der eheliche Treue symmetrisch fordert und für den die gegenseitige Achtung der Partner essentiell ist. Wir wollen nun versuchen, den Vorrang der Liebe systematisch zu entfalten, indem wir überlegen, was daraus normativ folgt.

Setzen wir dabei allgemein beim *Begehren* an und überlegen, ob mit ihm eine Verpflichtung verknüpft ist. Hier soll ein bemerkenswerter Gedanke Hegels weiterführen: Lieben heißt, das eigene Ich als ein in ein fremdes und ein eigenes Selbst gespaltenes Ich zu erfahren – und in ebendiesem zugleich Fremden und Eigenen das geliebte andere, das sich als ebenso gespalten weiß, zu erkennen, genauer, es als solches anzuerkennen. Hegel bringt diesen Gedanken in die vielleicht dichteste Bestimmung der Liebe: „Jedes ist dem Anderen die Mitte, durch welche jedes sich mit sich selbst vermittelt und zusammenschließt, und jedes sich und dem Anderen unmittelbares für sich seiendes Wesen, welches zugleich nur durch diese Vermittlung so für sich ist. Sie *anerkennen* sich als *gegenseitig sich anerkennend*."[16] Ein Selbst zu werden und zu sein, ist dann nicht etwas, was in unserem eigenen Verfügen läge. Es liegt in unserer Macht, wen wir anerkennen und wen wir nicht anerkennen. Es liegt allerdings nicht in unserer Hand, ob das Individuum, das wir anerkennen, auch seinerseits uns anerkennt.

Nennen wir nun den Gegenstand gegenseitiger Anerkennung „Person". Sofern nun das Begehren „etwas", das „jemand" ist, eben eine Person, zum Gegenstand hat, muss diese Form der Achtung für die begehrende Person zur Regel werden. Wir bringen somit den Zusammenhang von Begehren und Liebe auf die einfache Formel: Ein Begehren, das auf Erwiderung sinnt und dabei die Strukturen gegenseitiger Achtung anerkennt, nennen wir Liebe. Weil der Liebe – zumindest in aller Regel – ein Bedürfnis und somit ein Begehren zugeschrieben werden kann, darf eine Person immer auch als Mittel behandelt werden, nämlich dieses Bedürfnis und darin das ihm zugrundeliegende Begehren zu wecken und zu stillen, solange sie zugleich jederzeit als Zweck an sich selbst behandelt wird. Hier sind wir bei Kant, der von der Selbstzwecklichkeit der Person spricht und aus ihr die Regel gegenseitiger Achtung ableitet.

Generativ folgenlose Akte

These 11: Die Liebe wehrt der Verzweckung der Partner zur Erzeugung von Nachkommen.

Überlegen wir von daher zunächst, ob von sexuellen Akten die Ausrichtung auf Nachkommen gefordert werden darf, wie das traditionell der Fall war.

Konsumatorisches und ludisches Begehren

These 12: Eine Verbindung, die, gewollt oder ungewollt, kinderlos bleibt, ist nicht defizitär.

Wir gehen von der Behauptung aus, jedes sexuelle Begehren richte sich auf eine andere Person, und zwar allein als Mittel zum Zweck der Bedürfnisbefriedigung, ähnlich wie auf Essen und Trinken, wenn wir Hunger oder Durst haben. Unserer Intuition nach handelt es sich dabei um eine Verzweckung, die ethisch nicht zu rechtfertigen ist. Hilfreich ist dabei die von Ronald de Sousa eingeführte Differenz von *konsumatorischem* und *ludischem* Begehren.[17] Er setzt das Ziel des konsumatorischen Begehrens (beispielhaft dafür sind Hunger und Durst) mit seinem Ende gleich. Das ludische Begehren hingegen, für das, wie der Name sagt, das Spiel exemplarisch steht, zielt auf unbestimmte Dauer. Nennen wir die zweckgerichtete Einstellung also konsumatorisch und die selbstzweckliche ludisch. Wo sexuelles Begehren mit Sinnenfreude, mit Betrachten und Berühren zu tun hat und sich eben nicht als ein rein biologischer Vollzug artikuliert, hat es mehr mit einer zwecklos-spielerischen als mit einer zweckhaft-gebrauchenden

Aktivität gemein. Wir wollen es deshalb nicht nur als konsumatorisches, sondern auch und sogar vorwiegend als ludisches Begehren auffassen. Der Mensch scheint jedenfalls die Fähigkeit zu besitzen, sein sexuelles Begehren und seine sexuelle Aktivität als Spiel zu erleben und damit sein Gegenüber als Zweck an sich selbst, eben als Person, zu behandeln, selbst wenn diese Aktivität im Sinn ihres unmittelbaren „biologischen Zwecks" ein zielgerichteter Ablauf sein kann. Allerdings kann die sexuelle Aktivität, die auf Genuss und Dauer aus ist, auch als Vollzug, also rein als Mittel für ein Ziel, das außerhalb ihrer selbst liegt, verwendet werden.

Die Tradition nennt das einen „Gebrauch" der sexuellen Kräfte zur Hervorbringung von Nachkommen, durch die man den Wohlstand einer Familie erhält und mehrt und durch die man fortlebt. In diesem Fall wird die sexuelle Aktivität auf ein konsumatorisches Begehren reduziert. Selbst wenn eine solche Verzweckung der Sexualität (mit dem Ziel der individuellen oder sozialen Reproduktion) im Mantel der Moral auftreten mag und lange Zeit auch lebensweltlich plausibel aufgetreten ist, wird, was ein wertvolles Spiel sein kann, weil es um seiner selbst willen unternommen wird, faktisch als eine Tätigkeit behandelt, die zweckgerichtet, nicht zweckfrei ist. Ethisch unproblematisch mochte dies sein, solange dies um des Überlebens willen gefordert war. Hier bedurfte es freilich keiner Moral, die ein entsprechendes Verhalten einschärfte. Wo hingegen solche Erfordernisse zurücktreten, wird immer da, wo die Erzeugung von Nachkommen als intentionales Resultat sexueller Akte gefordert wird, eine in moralischer Hinsicht unzulässig verzweckende Perspektive eingenommen – zumindest dann, wenn die Liebe als Grund der Ehe gilt. Folgt man dieser Sichtweise, ist es plausibel zu fordern, dass jede sexuelle Aktivität immer auch ludisch, nie nur konsumatorisch realisiert werden soll. Ebenso plausibel ist es zu bestimmen, dass der konsumatorische Charakter sexueller Akte, anders als ihr ludischer, nicht gefordert werden kann. Der ludische Charakter darf ohne den konsumatorischen, der konsumatorische hingegen nicht ohne den ludischen sein. Zudem erscheint es unter dieser Perspektive auch nicht statthaft, von einer sexuellen Beziehung auf Dauer die Erzeugung von Nachkommen zu fordern, was wiederum einer unzulässigen Verzweckung der ausschließlich ludisch gelebten und ethisch rechtfertigbaren Sexualität gleichkäme. Wird also die Ehe als normatives Derivat der Liebe behandelt, liegt es allein in der Entscheidung der Liebenden, ob aus einer Partnerschaft Nachkommen hervorgehen sollen oder nicht. Eine Verbindung, die (gewollt oder ungewollt) ohne Nachkommen bleibt, weist keinerlei Defekt auf. Sie moralisch zu diskreditieren, erschiene wie ein Vergehen an der Liebe selbst. Umgekehrt ist eine Verbindung, der Nachkommen entspringen, einer Verbindung, die (gewollt oder ungewollt) kinderlos bleibt, moralisch nicht überlegen. Es ist absurd anzunehmen, zwei Menschen, die sich lieben, liebten sich weniger, wenn sie keine Kinder zeugen wollen, als zwei Menschen, die dies tun.

Der Mythos von der Ganzhingabe

These 13: Ganzhingabe ist auch ohne generatives Ziel möglich.

Etwas oder jemanden zu lieben, bedeutet, sich der Sache oder der Person hinzugeben. Nun wird innerhalb sexualethischer Diskurse gelegentlich der Begriff der Ganzhingabe verwendet, der redundant zu sein scheint. Die These lautet, Menschen gäben sich einander nicht ganz hin, wenn sie geschlechtlich miteinander verkehren, ohne dass dieser sexuelle Akt offen für Nachkommen ist. Konzentrieren wir uns zunächst auf den Gesichtspunkt der Ganzhingabe und später auf den Gesichtspunkt der Zeugungsoffenheit. Wir wollen überprüfen, ob der Begriff von der Ganzhingabe sinnvoll ist, indem wir den Sachverhalt einfach umkehren: Kann man sich einer Person oder Sache, der man sich hingibt, weil man sie liebt, nicht *ganz* hingeben? Und wie lässt sich entscheiden, ob es eine Art von Vorbehalt in der Hingabe einer anderen Person gegenüber geben kann. Offenbar ist diese Vorstellung intuitiv absurd. Versuchen wir, diese Behauptung zu stützen. Wir unterscheiden dazu zwischen einem qualitativen und einem quantitativen Aspekt des Attributs „ganz".

Verstehen wir das „ganz" zunächst *quantitativ*, nämlich als ausschließliche Hingabe an nur einen Gegenstand, hier eine Person. Wenn gilt, dass eine Person, die eine andere Person (oder eine Sache) liebt, auch sich selbst liebt, dann könnte man natürlich einwenden, sie sei deshalb nicht ausschließlich an die andere Person hingegeben – dies gilt natürlich auch, wenn sich eine Person mehreren Personen (oder Sachen) hingibt. Doch entpuppt sich der Hinweis auf die Selbstliebe als Spitzfindigkeit, ganz abgesehen davon, dass das biblische Gebot lautet, den Nächsten zu lieben wie sich selbst, woraus man, wenn man die genannte Spitzfindigkeit anführt, gerade ein Verbot der Ganzhingabe ableiten könnte. Nun werden wir, wenn wir ehrlich sind, wohl selten oder nie auf Situationen aufmerksam, in denen Menschen ausschließlich einen einzigen Gegenstand, also eine Person oder eine Sache, lieben. Allerdings nehmen wir damit die These voraus, die wir noch ausführlicher werden begründen müssen, die sinnliche Liebe tendiere, anders als die freundschaftliche Liebe, zu ungeteilter Aufmerksamkeit. Hier wird tatsächlich auf Alternativen abgehoben, die ebenfalls Gegenstand sinnlicher Liebe werden könnten und – rein numerisch – als Konkurrenz verstanden werden müssten. Die freundschaftliche Liebe ist, dazu gegenläufig, durch eine Tendenz zu geteilter Aufmerksamkeit gekennzeichnet, wobei natürlich zuzugeben ist, dass die Gegenstände unserer freundschaftlichen Liebe unterschiedlich intensiv geliebt werden können.

Wir würden also festhalten, dass sich die sinnliche Liebe ihrer eigensten Tendenz nach auf nur eine einzige Person als ihren Gegenstand richtet. Schauen wir weiter auf die Behauptung, zwei Menschen, die sich liebten, gäben sich einander erst und nur dann ganz hin, wenn sie offen sind für die Zeugung von Nachkommen. Hier ist zunächst zu bemerken, dass Kinder nicht Gegenstand jener sinnlichen Liebe sind, der sie entspringen. Wäre es so, dann stünden sie in Konkurrenz zu jener geliebten Person, der die ganze Aufmerksamkeit des oder der Liebenden gelten soll, was gerade gegen die Ganzhingabe spräche. Nachkommen können Gegenstand der Liebe sein, auch wenn sie noch nicht existieren. Sie stehen dann jedoch nicht in Konkurrenz zur ungeteilten Aufmerksamkeit der sinnlichen Liebe zweier Menschen. Sie nehmen ihr nichts weg, fügen ihr jedoch auch nichts hinzu, was sie erst dann vollständig, eben „ganz" sein ließe. Die Liebe zu Kindern ist, wenn man diese Art überhaupt kategorisieren will, die vielleicht intensivste und selbstvergessenste Art der Freundschaftsliebe, sie ist jedoch nicht Bestandteil der Begehrensliebe.[18]

Nehmen wir den *qualitativen* Aspekt hinzu. Hier sahen wir, dass sich ungeteilte Aufmerksamkeit nicht nur in numerischer Hinsicht allein auf eine Person beziehen kann, sondern auch auf alle Eigenschaften, die diese Person ausmachen und die geliebt oder doch wenigstens mitgeliebt werden können. Wir würden die Qualität der sinnlich basierten Liebe danach bemessen, dass sie alle Eigenschaften der geliebten Person umfasst. Auch in dieser Hinsicht ist es unplausibel zu sagen, die Liebe zu einer Person sei nicht vollständig, wenn sie sich nicht auch so artikuliert, dass aus ihr Nachkommen hervorgehen. Diese Aussage ist schon deshalb absurd, weil es vielerlei Akte sinnlicher Liebe gibt, aus denen keine Nachkommen hervorgehen können. Ausgerechnet die generative Ausdrucksform sinnlicher Liebe zum Merkmal von Ganzhingabe zu erklären, ist erkennbar willkürlich. Und erneut: Die Liebe zu Kindern, die aus einer Verbindung hervorgehen, ist kein Merkmal der Qualität jener sinnlichen Liebe, die zwei Menschen verbindet bzw. kein Merkmal der geliebten Person, der in qualitativer Hinsicht ungeteilte Aufmerksamkeit gebührt. Insofern ist der Begriff der Ganzhingabe zwar (nur) für die sinnliche Liebe einschlägig, genau dort aber überflüssig.

Kann man sich also einem Gegenstand, den man liebt, auch nicht ganz hingeben? Das ist nach unserer Definition nicht möglich. Kann man sich der Liebe zu einem Gegenstand entziehen? Das ist nur möglich, wenn man sich um die eigene Liebe nicht sorgt. Immerhin ist es erklärlich, warum eine Ehe, in der sich ein Mann über die generativen Eigenschaften seiner Frau getäuscht sah, ehemals aufgelöst werden mochte – verständlich ist dies vor dem Hintergrund der damaligen Lebenswelt. Wäre dies heute noch Grund für die Beendigung einer Beziehung, läge die Verzweckung einer Person vor, da ein Merkmal dieser Person unzulässig selektiert werden würde – es läge also das Gegenteil dessen vor, was wir Hingabe nennen.

Was meint „offen für Zeugung"?

These 14: Auch natürliche Methoden der Empfängnisverhütung sind nicht zeugungsoffen.

Überlegen wir weiter, was die Formel von der „Offenheit" gegenüber der Zeugung von Nachkommen bedeutet. In der Tradition wurde diese Formel auf zwei unterschiedliche Sachverhalte bezogen, einmal auf die Ehe zweier Menschen, dann auf den einzelnen sexuellen Akt. Die Ehelehren des Mittelalters setzten zumeist voraus, dass eine Ehe, die mit der Intention, keine Kinder hervorzubringen, eingegangen wird, ungültig ist. Nun konnten jedoch Menschen, die eine Ehe mit der Absicht eingegangen waren, Kinder zu zeugen, zu dem Entschluss kommen, diese Absicht nicht (mehr) zu realisieren. Hier wurde zwischen Wollen und Können unterschieden: Ein Paar, das etwa seines Alters wegen keine Kinder (mehr) bekommen kann, darf miteinander sexuell verkehren, ein Paar, das keine Kinder (mehr) bekommen will, sündigt, wenn auch in lässlicher Weise – wir haben auf diesen Sachverhalt schon hingewiesen. Tatsächlich kann man einwenden, der sichere Gebrauch wiederkehrender unfruchtbarer Perioden lasse keinen Raum für die Deutung, sexuelle Akte, die dieser Regel folgten, seien weiterhin offen auf die Zeugung von Nachkommen, denn die Absicht ist eindeutig. Höchstens könnte die Feststellung, auch sexuelle Akte innerhalb unfruchtbarer Zeiten seien offen für die

Zeugung von Nachkommen, durch die Annahme eines nur wahrscheinlichen, jedoch nicht sicheren Erfolgs der so genannten natürlichen Empfängnisverhütung plausibilisiert werden. Allerdings wäre es zynisch, die Legitimität der „natürlichen" Empfängnisverhütung auf einen Rest an Unsicherheit zu gründen.

Ein alternativer Zugang für die Zeugungsoffenheit sexueller Akte innerhalb von Perioden sicherer Unfruchtbarkeit könnte sich mit einem Verweis auf Thomas von Aquin eröffnen, der den Begriff der Intention zweifach versteht: Er verweist zunächst auf das Ziel einer Handlung und dann auf die entsprechende Absicht des Handelnden. Daher kann er sich grundsätzlich sexuelle Akte vorstellen, die substanziell zeugungsoffen sind, auch wenn ihr Zeugungszweck akzidentell frustriert wird. Unklar bleibt bei Thomas, ob das Wissen um jene Umstände, die eine Zeugung von Nachkommen verhindern, eine Rolle spielt. Vermutlich ist für ihn jedoch nicht die subjektiv empfundene Absicht, sondern der objektive gesetzte Zweck entscheidend. In einer anderen Hinsicht hat Thomas von Aquin (ebenso wie Bonaventura) diskutiert, ob der eheliche Akt mit der *aktualen Intention*, Nachkommen hervorzubringen, vollzogen werden soll oder ob eine *habituelle Intention* ausreicht. Allgemein wurde die aktuale Intention bevorzugt, die Vernunft sollte sich ungestört auf den Zweck der Nachkommenschaft richten und möglichst nicht davon abgelenkt werden, zumindest könnte in diesem Fall eine leichte Sünde daraus entstehen. Allerdings wird mit dieser Überlegung auch die habituelle Intention nicht einfach ignoriert, sondern als beachtenswert einbezogen. Dies erinnert an die – übrigens durchaus kontrovers geführte – Diskussion, ob eine Ehe, die als gültig gelten soll, mit der

Intention eingegangen werden muss, Nachkommen zu erzeugen, oder ob diese Haltung unerheblich ist. Wir haben außerdem bereits gesehen, dass es Thomas von Aquin nicht gutheißt, wenn Menschen unfruchtbare Perioden nutzen, um sich dem Erfordernis zu entziehen, Nachkommen für das Gemeinwohl hervorzubringen. Vom modernen Begriff der Intention aus gesehen ist es jedenfalls absurd anzunehmen, beim sicheren Gebrauch unfruchtbarer Perioden könne der entsprechende sexuelle Akt als zeugungsoffen bezeichnet werden.

Sexuelles Selbstverhältnis: Zur Beurteilung der Masturbation

These 15: Es gibt keine Gründe für eine kategorische Verurteilung der Masturbation.

Vor diesem Hintergrund ist auch das sexuelle Selbstverhältnis zu diskutieren, das mit dem Begriff der Masturbation bezeichnet wurde und heute besser „self-sex" oder „solitary sex" genannt wird. Kant bezeichnet die Selbstbefriedigung als „unnatürlich", weil der Mensch nicht durch ein Gegenüber, sondern durch seine Vorstellung von einem Gegenüber zu ihr erregt wird, die er selbst schafft, und zwar in einer Weise, die dem Zweck der Begierde zuwiderläuft, weil der Gebrauch der Geschlechtseigenschaften im Fall der Selbstbefriedigung (wie auch im Fall des Geschlechtsverkehrs, der keine Nachkommen hervorbringen soll) keinem generativen Ziel folgt.

Schauen wir daher genauer auf das Attribut „unnatürlich", das Kant mit der Selbstbefriedigung verbindet. Natürlicherweise liefe das Begehren der Einbildungskraft voraus, wie in der Unterscheidung von konsumatorischem und ludischem Begehren deutlich wurde. Das sexuelle Begehren rangiert dann auf einer Ebene mit den Akten des Essens und Trinkens, die tatsächlich, wie Kant vorführt, *animalisch* genannt werden kann. Es vermag freilich nicht nur konsumatorisch befriedigt, sondern auch ludisch erlebt und dann *human* genannt zu werden. Wenn Kant hinzufügt, das Hervorbringen der Begierde durch die Einbildungskraft laufe auch dem Vertrag, sich gegenseitig Lust zu schenken, zuwider, den er als Ehe bestimmt, dann ist damit ein plausibler Punkt getroffen: Der Akt der Selbstbefriedigung stellt sich gegen das – zugleich selbsthafte und selbstlose – gegenseitige Schenken von Lust. Er wäre ein *rein selbsthafter* Akt, der den Fähigkeiten, die uns Menschen auszeichnen und die wir deshalb der Vernunft zuweisen können, nicht gerecht werden würde – so könnte man jedenfalls nachvollziehen, warum Kant von einer solchen Praxis sagt, sie lasse den Menschen „unter das Vieh" absinken. Allerdings gilt diese Einschränkung nur innerhalb der Ehe.[19] Dort sind es die Akte des gegenseitigen Schenkens von Lust und gerade nicht der Hervorbringung von Nachkommen, durch die Partner einander als Selbstzweck achten und sich nicht gegenseitig allein als Mittel gebrauchen. Kant geht also feiner vor, als es zunächst scheint, wenn er mahnt, die Unterordnung der frei zu verantwortenden Zwecksetzung unter unsere Triebe werde der menschlichen Vernunft nicht gerecht.

Stellt man Autonomie und die damit verbundene Würde des Menschen in den Mittelpunkt, dann entspräche, wie wir gesehen haben, die Unterordnung eines Liebesverhältnisses unter den Zweck der Reproduktion einer Verzweckung oder Selbstverzweckung des Menschen, die unzulässig genannt werden muss. Durch „die erotische

Dimension wird das Begehren als Fülle, nicht als zu stillendes Defizit"[20] etabliert, eine Dimension, die weder technisch erzeugt noch durch einen mechanisch herbeigeführten Triebausgleich erlebt werden kann. Daher wird menschliche Sexualität personal erst durch die Überwindung des Reproduktionszwecks, und zwar durch ein erotisches Verhältnis, in dem das Gegenüber als Selbstzweck geachtet wird, in einer Beziehung gegenseitig. Dieses Gegenüber kann auch in einem sexuellen Selbstverhältnis bestehen, das dann nicht unsittlich genannt werden darf, wenn nämlich der Mensch sich selbst nicht rein zum Objekt wird, sondern Subjekt bleibt. Zumindest käme in einem solchen Verhältnis, das das Gegenüber als Selbstzweck ansieht, selbst wenn es als Selbstverhältnis artikuliert wird, jene Freiheit zum Ausdruck, die den Menschen seiner Triebe enthebt. Der Mensch sinkt dann nicht, was Kant befürchtet, auf oder sogar unter die Ebene der Tiere ab, weil er nicht tut, wozu er begabt ist. Wo die Befriedigung seiner Triebe unfrei wird, muss sie als unethisch abgewiesen werden. Ist sie frei, kann sie als ethisch gelten. Die Rückfrage an jedes sexuelle Selbstverhältnis bliebe dann, ob es von spielerischer Freiheit bestimmt ist, und weiter, ob es nicht doch vom Reichtum eines Liebesverhältnisses, in dem eine Person das unverfügbare Begehren einer anderen Person begehrt, übertroffen wird.

Gibt es Normen der Liebe?

These 16: Das sexuelle Begehren selbst schafft Verbindlichkeit.

Überlegen wir nun, welche Normativität der sinnlichen Liebe selbst zukommt. Wir konnten sehen, dass sie *formal* die gegenseitige Achtung der Liebenden, doch auch ihre Selbstachtung evoziert. Formal bedeutet das, dass einzelne Akte dahingehend beurteilt werden können, ob sie dem Erfordernis der Achtung der Person genügen oder nicht genügen. Nicht die Akte selbst sind gut oder schlecht, sondern nur, sofern sie die Person achten oder missachten. Würden einzelne Akte selbst als gut oder schlecht klassifiziert werden, unabhängig davon, ob sie der Personalität eines Menschen gerecht werden oder nicht, würde man sie *material* beurteilen. Welche Normen lassen sich also aus der sinnlichen Liebe selbst begründen?

Ungeteilte Aufmerksamkeit

These 17: Sinnliche Liebe zeigt die exklusive Tendenz zu ungeteilter Aufmerksamkeit.

Beginnen wir mit folgender These, die nur knapp begründet werden kann: Freundschaft trägt die *inklusive Tendenz zu geteilter Aufmerksamkeit* in sich und unterscheidet sich damit von der sexuell basierten Liebe, die die *exklusive Tendenz zu ungeteilter Aufmerksamkeit* aufweist. Mit diesen Aussagen ist jeweils ein Doppelsinn verbunden: Die ungeteilte Aufmerksamkeit gilt einer Person mit all ihren Merkmalen und nur dieser Person, die geteilte Aufmerksamkeit bestimmten Merkmalen einer Person und unbegrenzt vielen

Personen (wobei vorausgesetzt wird, dass die Aufmerksamkeit einer Person faktisch immer endlich ist).

Grundsätzlich gibt es immer ein Mehr oder Weniger an Aufmerksamkeit, die wir einem Menschen entgegenbringen (können). Diese Beobachtung wird komplexer, wenn man bedenkt, dass der Grad an Aufmerksamkeit kommuniziert werden kann oder kommuniziert werden muss, um der Erwartung, der man sich gegenübersieht, gerecht zu werden. Auf diese Weise können wir einer Person unsere „volle" Aufmerksamkeit widmen, ohne unsere Umwelt gänzlich vernachlässigen zu müssen, wenn nämlich diese Haltung einen entsprechenden kommunikativen Ausdruck findet. Realistischerweise wird man einem Menschen gegenüber also nie vollständig und in diesem Sinn ungeteilt aufmerksam sein können. Man kann nur den Eindruck ungeteilter Aufmerksamkeit erwecken. Zumindest darf – will man von Intimität sprechen – nichts von dem, was dem geliebten Menschen bedeutsam ist, unserer Aufmerksamkeit gegenüber ausgeschlossen werden. So kann – obwohl Aufmerksamkeit immer nur begrenzt verfügbar ist – unbegrenzte Aufmerksamkeit gefordert werden.

Unersetzlichkeit und Einzigartigkeit

These 18: Von der liebenden Aufmerksamkeit darf keine Eigenschaft ausgeschlossen werden.

Sinnliche Liebe kann nicht extensiviert werden, ohne ihre Qualität zu verlieren. Sie kann nur intensiviert werden, indem gerade die unverwechselbaren Eigenschaften, ja (wenigstens im Prinzip) ausnahmslos alle Eigenschaften einer deswegen als unverwechselbar erachteten Person Bedeutung erlangen, weshalb diese Person nicht durch andere Personen ersetzt werden kann. Das unterscheidet eine Beziehung, in der eine Person bestimmter Eigenschaften wegen, also in ihrer Funktion, von einer Beziehung, in der eine Person grundsätzlich aller Eigenschaften wegen, also je als sie selbst, geliebt wird (davon unterschieden wird, dass diese Person geachtet und so als Zweck an sich selbst behandelt wird). Doch ist der Bezug auf die Eigenschaften einer Person nicht hinreichend für die Unterscheidung von Begehrens- und Freundschaftsliebe. Wir unterscheiden daher die *Einzigartigkeit* einer Person aufgrund der bestimmten Konstellation ihrer Merkmale, die es, wenigstens im Prinzip, noch einmal geben könnte, von ihrer *Unersetzlichkeit*. Man könnte etwas schematisch formulieren, die Unersetzlichkeit einer Person sei Folge, ihre Unverwechselbarkeit Ursache der Liebe. Freundschaftliche Liebe mag, auch der rationalen Kalküle wegen, die mit ihr verbunden werden können (wenngleich nicht müssen), sozial und zeitlich eher ausgedehnt werden. Rein freundschaftliche Beziehungen mit demselben Gehalt an Intimität sind schwer vorstellbar bzw. würden auch zur sexuellen Beziehung tendieren (wobei auch Freundschaften Räume der Intimität konstituieren). Auch wenn es Intimität in der sexuell ebenso wie in der freundschaftlich basierten Liebe gibt, entsteht Freundschaft eher aus partikularen Erwägungen heraus, womit sie sich von der Kooperation nur graduell unterscheidet. Das führt zu der Überlegung, dass der Liebende, wenn er nicht nur jemanden, sondern darin seine Liebe liebt, dazu tendiert, mehr zu lieben, sei es ungeteilter, sei es geteilter. Vom Begehren lässt sich Freundschaft mit den Begriffen „intensiv" und „extensiv" bzw.

„unersetzlich" und „auswechselbar" unterscheiden. Begehren ist auch einseitig, die Freundschaft alleine wechselseitig denkbar. Natürlich können sich in einer Beziehung beide Phänomene mischen, insofern sich in einer Freundschaft auch einseitige Bedürfnisse als solche zu Wort melden und in einer sexuell basierten Beziehung Merkmale gegenseitiger Freundschaft als solche zeigen. Wir trennen somit klassisch zwischen der Freundschaftsliebe, die sich tendenziell auf ausgewählte Merkmale so bezieht, dass die betreffende Person prinzipiell ausgetauscht werden kann, von der Begehrensliebe, die sich auf die besondere Einzigartigkeit einer als unersetzlich empfundenen Person bezieht. Personen, die bestimmter Eigenschaften wegen geschätzt werden, sind grundsätzlich ersetzbar, vor allem durch Personen, die diese Eigenschaften in höherem Maß aufweisen. Und wir unterscheiden diese beiden Formen der Liebe von der Achtung oder Anerkennung, die der Person als solcher entgegengebracht wird.

Gehen wir auf zwei Einwände ein, die eng miteinander verknüpft sind. Es ist (1) auch im Fall der sinnlichen (oder romantischen) Liebe realistisch anzunehmen, dass Personen aneinander immer einige Eigenschaften besonders lieben, und am besten jene oder einige jener Eigenschaften, die der geliebten Person selbst viel bedeuten, wodurch eine Art lebensgeschichtliche Konvergenz entsteht. Das ist mit der Formulierung gemeint, die Liebenden einigten sich auf einen gemeinsamen Bestand von Eigenschaften, die geliebt werden sollen. Unausgesprochen wird dabei vorausgesetzt: Eine Person ganz von ihren Eigenschaften zu reinigen, weshalb sie rein als Person geliebt werden könne und solle, würde den Charakter der Liebe verkennen – für die Anerkennung oder Achtung der geliebten Person hingegen ist das plausibel. Die Beschränkung auf einige besondere Eigenschaften, die begehrt werden, könnte durch folgende Unterscheidung gegen den Vorwurf verteidigt werden, eine Person dadurch zu verzwecken, was mit dem Anspruch der Liebe nicht vereinbar wäre: Eine Person darf *aufgrund* einiger (und eben nicht aller) Eigenschaften geliebt werden, während die Liebe *zu* einigen (und nicht allen) Eigenschaften einer Person ethisch nicht zu rechtfertigen ist. Neil Delaney, der diese Unterscheidung diskutiert, vertritt die Auffassung, eine Person wolle *aufgrund* von Eigenschaften geliebt werden, die für ihr eigenes Selbstverständnis zentral sind.[21] Wenn die Besonderheit der geliebten Person sich nach der Auswahl jener Eigenschaften, die diese Person aktual liebenswert sein lassen, bemisst, ist Liebe folglich nur dann gegeben, wenn die geliebte Person die liebende Auswahl selbst liebt. Liebende stimmen also in der Beurteilung der Kriterien bezüglich der Auswahl der relevanten Eigenschaften, durch die sie wechselseitig zu geliebten Personen werden, überein. Die Liebe *zu* einigen ihrer Eigenschaften drohe, so Delaney, die Person dagegen zu einem Mittel für die Befriedigung der Bedürfnisse der sie liebenden oder dann wohl besser: der sie begehrenden Person werden zu lassen. Doch was ist, wenn die Person, auf die sich eine solche Hoffnung bezieht, dieses Urteil nicht teilt, ja nicht zu teilen vermag, natürlich ihrer Liebe wegen, für die sie ja nichts kann? Vielleicht würden die Liebenden dann nicht zusammenfinden, oder ihre Liebe hätte keinen Bestand, oder sie würden einfach lieben, wie sie lieben, weil jede Person genug Liebenswertes an der anderen Person fände, ohne dass die Urteile darüber, welche Eigenschaften ihnen selbst jeweils wichtig sind, konvergieren. Wäre diese Vorstellung jedoch nicht Grund dafür, schon die Beschränkung auf einige Eigenschaften und nicht erst die Beschränkung auf Eigenschaften, die der geliebten Person selbst nicht zentral wichtig sind, für das Scheitern einer Liebe verantwortlich zu machen? Verräterisch ist Delaneys Formulierung, eine Person wolle aus den *richtigen Gründen* heraus geliebt werden. Er bindet bezeichnenderweise romantische und freundschaftliche Liebe eng aneinander, doch bleiben beide Formen nach unserem Eindruck, selbst wenn sie faktisch gleichsam zusammenwachsen, unterscheidbar. Wenn freilich zumindest vom Anspruch her nicht alle Eigenschaften, die eine einzigartige Person unersetzlich werden lassen, geliebt oder, vorsichtiger formuliert, mitgeliebt werden, wie sollte dann Liebe „aufgrund von Eigenschaften" und Liebe „zu den Eigenschaften" einer Person unterscheidbar sein? Liebende bringen ihre Liebe wechselseitig hervor, sie beziehen sich aufeinander als Liebende. Zumindest dürfen dann einzelne Eigenschaften von einer solchen Liebe nicht ausgeschlossen werden. Wo eine Liebe derart bedingungslos ist, liefert sie sich allerdings ihren Bedingtheiten vollständig aus. Dies gilt auch über Zeitdifferenzen hinweg: Warum sollte eine Liebe nicht die Veränderung potentiell aller Eigenschaften einer Person überstehen können? Erweist sich die Stabilität einer Liebesbeziehung nicht in der Instabilität ihrer Maßstäbe? Der Anspruch der Liebe, Veränderungen aller Eigenschaften überstehen zu können, darf allerdings nicht mit dem Anspruch verwechselt werden, alle Veränderungen dieser Eigenschaften überstehen zu können oder zu sollen. Alle Veränderungen müssen im Prinzip dieses gegenseitige Einverständnis erlangen. Das lässt die Liebe vergänglich und unvergänglich zugleich sein. Der Wunsch nach Dauerhaftigkeit kann, wenn man so will, nur augenblickhaft eingelöst werden.

Außerdem könnte (2) man einwenden, das sexuelle Begehren könne sich, anders vielleicht als die sinnliche Liebe, mit einer Selbstbeschränkung der begehrten Merkmale zufriedengeben und diese auch bei anderen suchen. Dieser Einwand deckt sich weitgehend mit unseren bisherigen Überlegungen. Er konzentriert sich nur auf die sexuell attraktiven Eigenschaften einer Person. Gerade im sexuellen Begehren artikuliert sich jedoch, so könnte man erwidern, die Erfahrung, dass man „über das eigene Begehren und dessen Erfüllung auch das Begehren des anderen begehrt und damit auch erfährt, dass der andere sich begehrt wünscht. Das schließt es aus, ‚Selbstlosigkeit' zur Grundlage und Form eigenen Handelns zu machen; vielmehr wird die Stärke des eigenen Wunsches zum Maß dessen, was man zu geben in der Lage ist. Mit all dem durchbricht die Sexualität den Schematismus von Egoismus/Altruismus ebenso wie die Hierarchisierung menschlicher Beziehungen nach dem Schema Sinnlichkeit/Vernunft."[22] Zwar bleiben Geben und Nehmen unterscheidbar, sie lassen sich aber nicht einfach auf die Intentionen der Akteure zu- und erst recht nicht im Sinn von Vor- und Nachteilen verrechnen: sie verschmelzen gerade in der sinnlichen Liebe.

Nun könnte man Liebe und Begehren in ein Mittel-Zweck-Verhältnis setzen (etwa durch Liebe zur sexuellen Befriedigung finden oder sexuelle Befriedigung als Beweis für Liebe fordern), doch verbietet sich das gerade im Namen der Liebe. Wird damit nicht doch ein Vorrang der sinnlichen Liebe vor dem sexuellen Begehren begründet? Keineswegs, denn wir sind mit dieser Aussage wieder bei den Anerkennungsbedingungen gelandet, die auch das sexuelle Begehren als Begehren unabweisbar in Anspruch nimmt, selbst wenn es diesem Anspruch nicht folgt, und wir setzen eine Form des sexuellen Begehrens voraus, das sich in einem Resonanzverhältnis zu einem anderen Begehren weiß. Mit anderen Worten: Gerade der Idealismus der begehrenden Liebe (und ihrer Deutung) offenbart gleichzeitig ihren Realismus: Liebe ist fragil, verletzlich, immer von Verfall, Versagen und Vergehen bedroht, auch ihrer selbst nie sicher. Die Unsicherheit der Liebe kann nicht durch die Sicherheit einer Vereinbarung, wie sie die Ehe darstellt, kompensiert werden. Man kann sich der Liebe eines Menschen, auch der eigenen, nicht versichern. Die Liebe vermag sich nur aus eigenen Beständen zu reproduzieren.

Minimale Ehe

These 19: Ehe in ihrem minimalen Sinn ist die Regel gegenseitiger Achtung der Liebenden.

Greifen wir noch einmal den Gedanken auf, das sexuelle Begehren bzw. die sinnliche Liebe impliziere Strukturen reziproker Selbstbindung, ohne dass das Begehren bzw. die Liebe sich in diese Strukturen verausgaben könnten: Anerkennungsbedingungen können die Liebe nicht ersetzen, nur stützen und schützen. Was also das Wohlergehen der liebenden wie der geliebten Personen (und damit die Unterscheidung von Wohlwollen und Wohltun) betrifft, so ist auf das Prinzip gegenseitiger Anerkennung bzw. Achtung zu verweisen, das über subjektive Annahmen darüber, was einer Person guttut, hinaus eine objektiv (oder besser: intersubjektiv) geltende Regel evoziert, nach der der andere nie nur als Mittel gebraucht werden darf, sondern jederzeit auch als Zweck an sich selbst zu würdigen ist, wie Kant formuliert. Von dieser Bestimmung her lassen sich Liebe und Achtung voneinander unterscheiden. Achtung als sittliche Bestimmung ist vom Gefühl der Achtung, das als Wirkung aus der Beachtung des kategorischen Imperativs hervorgehen kann, zu unterscheiden – und natürlich auch vom Gefühl der Liebe. Man könnte von Achtungsbedingungen sprechen, die dem Gefühl der Achtung wie dem Gefühl der Liebe Struktur geben. Achtung muss, mit anderen Worten, nicht als Gefühl empfunden werden, es genügt, sie zu üben. Achtungsbedingungen wirken (auch über das Gefühl der Achtung, das sie möglicherweise evozieren) negativ, sofern sie Personen vor Schädigungen durch andere Personen, selbst solche, deren Handlungen von Liebe motiviert sind, schützen. Dabei kann ein solcher Schaden durch Handlungen genauso wie durch Unterlassungen entstehen. Wir müssen Personen, die wir achten, nicht auch lieben, doch diejenigen, die wir lieben, achten. Die Liebe selbst wirkt positiv, sofern sie in vielfältiger Weise das Wohl des anderen befördert (dies gilt für die freundschaftlich basierte ebenso wie für die sinnlich basierte Liebe).

Ehe ist, so gesehen, nur Institution in einem minimalen Sinn, nämlich als gegenseitig anerkannte Regel wechselseitiger Achtung, eine Institution, die die Liebe stützt und schützt, wobei sie anderen gesellschaftlichen Institutionen gegenüber autonom bleibt. Deshalb kann jedes institutionelle Moment, das über diesen minimalen Sinn wechselseitiger Achtung hinausgeht und beispielsweise wirtschaftliche, politische, rechtliche oder religiöse Belange reguliert, als kontingent, nicht hingegen als konstitutiv für die Liebe behandelt werden. Das gegenseitige Gebundensein in der Liebe anzuerkennen, ist für endliche Wesen Zeichen von Würde. Wir nennen den institutionellen Ausdruck dieses Sich-gebunden-Wissens Ehe. So verstanden, wehrt die Institution der Ehe, die sexuelle Beziehungen auf ein Verhältnis wechselseitiger Achtung beschränkt, der Gefahr der Verdinglichung, auch weil die Partner sich zur gegenseitigen Unterstützung in über die Sexualität hinausreichenden Belangen verpflichten, also in jenen Hinsichten, die durch die Ganzheitsformel der „Person" benannt sind. Sie dürfen einander deshalb nicht verzwecken, sondern sollen sich gegenseitig achten. Die Ehe verleiht zudem eine Stabilität der Wertschätzung, welche das sexuelle Begehren bzw. die sinnliche Liebe so nicht gewährleisten kann, gilt es doch, Zeitdifferenzen durch Handlungen zu überbrücken, die nicht durch sexuelles Begehren und sinnliche Liebe motiviert sind und eher als Ausdruck freundschaftlicher Liebe oder von Kooperation verstanden werden können. Begehren und Liebe können nicht geboten werden. Achtung hingegen kann geboten werden. Das kann freilich nicht zu der Folgerung führen, es solle eine Ehe ohne Liebe oder unabhängig von Liebe gefordert werden. Die Ehe soll die Liebe personalisieren und stabilisieren, sie kann die Liebe allerdings nicht ersetzen.

Liebe kann sich nur aus eigenen Beständen reproduzieren. Es liegt an den Liebenden, Bedingungen zu schaffen, die ihrer Liebe Beständigkeit geben. Zwar tritt das Gefühl der Liebe absichtslos in die Welt, die Partner können sich aber zu ihrem Gefühl absichtsvoll, bejahend oder verneinend, verhalten und ihre Liebe damit stärken oder schwächen. Was allerdings sollte, so wäre einzuwenden, Liebende dazu motivieren, ihre Liebe zu schwächen oder gar zu zerstören? Denkbar ist, dass eine Liebesbeziehung einseitig (auch gleichzeitig durch beide Partner) aufgelöst wird, dass hinter dieser Auflösung also keine gemeinsame Intention steckt. Sogar wenn gelten würde, dass eine Liebe im Grunde nicht verraten, das heißt durch Verrat nicht beendet werden kann, sondern sich gerade dadurch als sie selbst erweist, weil Liebe nicht auf Eigenschaften oder Fähigkeiten der geliebten Person, sondern auf die Person selbst in strenger Totalität abstellt, wie Slavoj Žižek argumentiert, so könnte eine Liebe doch absichts- und schuldlos zu Ende gehen.[23] Weil diese Möglichkeit besteht, soll nicht von der *Unauflöslichkeit*, sondern von der *Unverfügbarkeit* der Liebe gesprochen werden. Unauflöslichkeit im strengen Sinn kann einer Institution zugesprochen werden, einer Intution wie dem Gefühl der Liebe jedoch nicht. Genauer gesagt, kann die Gesellschaft, die sich auf die Etablierung einer Institution einigt, auch für die Unauflöslichkeit einer Verbindung sorgen: Das Gefühl der Liebe kann nicht als unauflöslich behandelt werden, die Institution der Ehe schon. Wir würden deshalb sagen, die Liebe sei, was ihren Anfang, ihr Fortbestehen, jedoch auch ihr Ende betrifft, unverfügbar. Die Liebe zu lieben erweist sich somit als die ihr eigene Form der Gebundenheit. Deshalb ist die Ehe, wie bereits dargelegt, als normatives Derivat der Liebe zu verstehen. In der traditionellen Sicht konnte die Ehe als Beziehung ohne die Liebe, ja sogar gegen die Liebe empfohlen, auf Pflicht anstatt auf Neigung gegründet werden. Liebe wurde in dieser Hinsicht als Derivat der Ehe begriffen. Allenfalls wurde Freundschaft, nicht hingegen sexuelles Begehren als stützend für die Ehe angesehen.

Die ausschließliche und treue Bindung, die zwei Menschen eingehen, gleich und frei, und die sich auf diese

Weise gegenseitig achten, ist somit die einzige Norm, die sich aus der Liebe selbst erheben lässt. Diese Norm kann aus der Institution der Ehe, sofern sie der Hervorbringung legitimer Nachkommen dient, nicht gewonnen werden. Denn diese Institution ließe es zu, dass Männer vor der Ehe sexuelle Erfahrungen sammelten oder dass sie in einer Ehe untreu waren (ganz abgesehen davon, dass sexuelle Gewalt in einer Ehe nicht als solche gesehen oder gar sanktioniert worden wäre). Würde man, was heute gar nicht mehr vorstellbar wäre, mit einer Person sexuell *allein* zu dem Zweck verkehren, Nachkommen zu zeugen, müsste man dies, zumindest wenn die Liebe zur Norm genommen wird, als unzulässige Verzweckung bzw. Selbstverzweckung lesen, traditionell war dies hingegen nicht nur zulässig, sondern sogar geboten. Würde man mit einer Person sexuell *allein* zu dem Zweck verkehren, Lust zu empfinden, wäre das traditionell als unzulässiger Hedonismus zu werten, nimmt man hingegen die Liebe zur (verbindlichen) Norm, ist das zulässig (natürlich nicht geboten, kann man doch zugleich Nachkommen intendieren, eine Einstellung, die traditionell wiederum unzulässig wäre). Wird vorausgesetzt, dass eine verbindliche Liebesbeziehung schon Ehe (in einem minimalen Sinn) genannt werden kann, können sexuelle Erfahrungen vor der Ehe nur in einer unverbindlichen und ethisch nicht legitimierbaren Form gesammelt werden. Man wird nicht sagen können, dass unsere Zeit früheren Zeiten ethisch überlegen ist, weil die Menschen damals wenig oder keine Alternativen zu ihrer Lebensform kannten (womit natürlich nicht ausgeschlossen wird, dass Ehen von Liebe und gegenseitiger Treue bestimmt waren, und ebenso wenig, dass es in ihnen Gewalt, Missbrauch und Untreue gab). Die Erfordernisse des Lebens und Überlebens ließen, anders gesagt, wenig Spielraum für abweichendes Handeln. Wir können jedoch sagen, dass die normative Begründung der Beziehung zweier Menschen in gegenseitiger Liebe ethisch anspruchsvoller ist als die Begründung in der Institution Ehe.

Der Sinn von Normen

These 20: Die Sexualmoral verliert ihre Geltung, wo keine mögliche Wirkung mehr existiert.

Der Sinn von Normen erschöpft sich in ihrer möglichen Wirkung, sofern diese tatsächlich eintritt. Tritt die Wirkung faktisch nicht ein, verliert die Norm deswegen noch nicht ihren Sinn. Existiert jedoch *nicht einmal eine mögliche Wirkung*, obwohl die Norm befolgt wird, büßt die Norm den Grund ein, dessentwegen sie in Kraft gesetzt wurde. Sie verliert ihre Geltung. Die These, die sich daraus ergibt, lautet: Die Wirkung der traditionellen sexualethischen Normen wird heute durch sozialstaatliche Mechanismen erreicht, so dass diese Normen ihren Sinn und damit ihre Berechtigung verloren haben. Diese Normen sollen dazu motivieren, Nachkommen zu generieren, und sie zwingen diejenigen, die dazu nicht bereit oder fähig sind, zu Kompensationen. Insofern sind nach allem, was wir argumentativ vorgebracht haben, heterosexuelle und homosexuelle Verbindungen, die auf Liebe gründen, normativ gleich zu behandeln. Den Status der Ehe können homosexuelle Paare, die sich lieben, genauso in Anspruch nehmen, wie heterosexuelle Paare, die sich lieben – dieser Status kann, wie wir sahen, nicht zugesprochen werden, er ist, wenn man so will, allein ein soziales Konstrukt der

Liebenden, nicht jedoch ein gesellschaftliches Konstrukt. Dass sich an eine solche minimale Ehe weitere sinnvolle, vor allem rechtliche Normen anlagern können, wird nicht bestritten: So können Paare, die – aus welchen Gründen auch immer – kinderlos bleiben, anders behandelt werden als Paare, die Kinder hervorbringen (und natürlich auch Paare, die zwar keine Kinder hervorbringen, aber ernähren und erziehen), womit der exakte Sinn der sexualethischen Tradition getroffen, allerdings modern reformuliert ist.

4. Eine kurze Bilanz

Die Ehe war ehedem das institutionalisierte Misstrauen der Gesellschaft gegenüber einer Liebe, die sich familiären Kalkülen entziehen wollte. Sie war die inkarnierte Vernunft, die Stabilität angesichts des als unstet geltenden Gefühls der Liebe verleihen sollte. Doch kann die Unsicherheit, welche die Liebe mit sich bringt, für den Einzelnen wie für die Gesellschaft, kaum verringert werden, weder dadurch, dass man sich ständig und immer neu der Liebe versichert, womit man in sie den Keim des Misstrauens pflanzte, noch dadurch, dass man ihr durch Vereinbarungen Stabilität zu geben versucht. Wer hinter der Liebe immerfort das Risiko ihres Scheiterns sieht, wer das Risiko, das jede Liebe mit sich bringt, institutionell zu vermeiden trachtet, vermeidet zwangsläufig die Liebe selbst und zieht ihr Surrogate vor. Im historischen Rückblick wirkt der abgesicherte Zugriff auf die Liebe als Ausdruck eines exzessiven Hedonismus und einer nicht rechtfertigbaren Verzweckung und eben nicht, wie häufig vorgegeben wird, die sich ungesichert gebende Liebe. Es ist gleichwohl möglich und sinnvoll, Strukturen der Achtung zu schaffen, mit der Liebende ihre Liebe beschützen. Die Liebe selbst lässt sich nicht normieren. Warum sollte man? Wer vermöchte schon etwas gegen schrankenlose Liebe einzuwenden? Wer wollte gerade der Liebe Fesseln auferlegen? Liebe, schreibt Clemens Brentano, ist nicht Gabe, sondern Vergeudung, „die Liebe ist ein göttlicher Wucher, diesen Wucher hast Du nie gekannt, Du traust der Liebe nicht, aber ich traue ihr ewig."²⁴ Die Theologie jedenfalls sollte das göttliche Zutrauen, das ihrer eigenen Auskunft nach der menschlichen, auch der sinnlichen Liebe entgegengebracht wird, kaum durch ein institutionalisiertes Misstrauen, das die Ehe zumindest im traditionellen Verständnis repräsentierte, diskreditieren wollen – vor allem nicht im Namen Gottes.

Anmerkungen

1 Vgl. Michael Mitterauer, Ledige Mütter. Zur Geschichte unehelicher Geburten in Europa, München 1983, 19f.
2 Vgl. Karl-Heinz Kohl, Der Elefant mit den sieben Stoßzähnen. Heiratsregeln im Lewolema-Gebiet und ihre Begründung im Mythos, in: Hartmut Zinser/Friedrich Stentzler/Karl-Heinz Kohl (eds.), Foedera naturai, Würzburg 1989, 157–168.
3 Michel Foucault, Der Gebrauch der Lüste. Sexualität und Wahrheit 2, Frankfurt am Main 1989, 33.
4 Vgl. James A. Brundage, Law, Sex, and Christian Society in Medieval Europe, Chicago/London, 1987, 13.
5 Anthony Giddens, Wandel der Intimität. Sexualität, Liebe und Erotik in modernen Gesellschaften, Frankfurt am Main 1993, 16.
6 Thomas Hieke, Levitikus 16–27 (HThKAT), Freiburg i. Br. 2014, 679–688.
7 Vgl. Thomas Hieke, Kennt und verurteilt das Alte Testament Homosexualität?, in: Stephan Goertz (ed.), „Wer bin ich, ihn zu verurteilen?" Homosexualität und katholische Kirche, Freiburg i. Br. 2015, 19–52, 35f.
8 Vgl. Jack Goody, Die Entwicklung von Ehe und Familie in Europa, Frankfurt am Main 1989, 41f.
9 Vgl. Martti Nissinen, Homoeroticism in the Biblical World. A Historical Perspective, Minneapolis 1998, 43.
10 Vgl. Martin Ebner, Verbietet das NT „Homosexualität"? Neutestamentliche Grundlagen zu einer aktuellen Streitfrage, in: Lebendige Seelsorge 70 (2019), 55–60, vor allem 57–59.

11 Vgl. John T. Noonan, Contraception: A History of Its Treatment by the Catholic Theologians and Canonists, Cambridge (MA) 1965, 120.

12 Vgl. Michel Foucault, Die Geständnisse des Fleisches. Sexualität und Wahrheit 4, Berlin 2019, 475f.

13 Vgl. John T. Noonan, Contraception: A History of Its Treatment by the Catholic Theologians and Canonists, Cambridge (MA) 1965, 306 und 310.

14 Damit ist der so genannte „amplexus reservatus" gemeint, der, im Unterschied zum „coitus interruptus", beim Mann nicht zur Ejakulation führt. Er wurde neben der sexuellen Enthaltsamkeit am ehesten als Mittel zur Beschränkung von Nachkommen akzeptiert, doch von manchen Autoren auch verworfen.

15 Vgl. John T. Noonan, Contraception: A History of Its Treatment by the Catholic Theologians and Canonists, Cambridge (MA) 1965, 333.

16 Georg Wilhelm Friedrich Hegel, Phänomenologie des Geistes, Werke 3, 147.

17 Vgl. Ronald de Sousa, Die Rationalität des Gefühls, Frankfurt am Main 2009, 350, 356.

18 Vgl. Harry G. Frankfurt, Gründe der Liebe, Frankfurt am Main 2005, 44–46, über die herausgehobene Bedeutung der Elternliebe.

19 Vgl. Thomas W. Laqueur, Solitary Sex. A Cultural History of Masturbation, New York 2003, 58f.

20 Andrea Marlen Esser, Eine Ethik für Endliche. Kants Tugendlehre in der Gegenwart, Stuttgart 2004, 358.

21 Vgl. Neil Delaney, Romantische Liebe und Verpflichtung aus Liebe. Die Artikulierung eines modernen Ideals, in: Axel Honneth/Beate Rössler (eds.), Von Person zu Person. Zur Moralität persönlicher Beziehungen, Frankfurt am Main 2008, 105–140.

22 Niklas Luhmann, Liebe als Passion. Zur Codierung von Intimität, Frankfurt am Main 1994, 33.

23 Vgl. Slavoj, Žižek,, Die Puppe und der Zwerg. Das Christentum zwischen Perversion und Subversion, Frankfurt am Main 2003, 19–21.

24 Zitat aus Gersdorff, Lebe der Liebe und liebe das Leben, 119, gefunden bei Neumann, Lektüren der Liebe, 24.

Die Bibeltexte sind entnommen der Einheitsübersetzung der Heiligen Schrift, Katholische Bibelanstalt, vollständig überarbeitete Auflage, Stuttgart 2016.

Zum Weiterlesen

Breitsameter, Christof, Das Gebot der Liebe – Kontur und Provokation, (Studien zur theologischen Ethik 152), Würzburg 2019.

Breitsameter, Christof, Liebe – Formen und Normen. Eine Kulturgeschichte und ihre Folgen, Freiburg/Basel/Wien 2017.

Breitsameter, Christof, Vom Vorrang der Liebe. Zeitenwende für die katholische Sexualmoral, Freiburg/Basel/Wien 2020.

Brooten, Bernadette J., Liebe zwischen Frauen. Weibliche Homoerotik in hellenistisch-römischer Zeit und im frühen Christentum, aus dem Engl. übers. v. Gerlinde Baumann, Berlin 2020.

Eder, Franz X., Eros, Wollust, Sünde. Sexualität in Europa von der Antike bis in die frühe Neuzeit, Frankfurt am Main / New York 2018.

Körner, Johanna, Sexualität und Geschlecht bei Paulus. Die Spannung zwischen „Inklusivität" und „Exklusivität" des paulinischen Ethos am Beispiel der Sexual- und Geschlechterrollenethik, Tübingen 2020.

Müller, Michael, Die Lehre des hl. Augustinus von der Paradiesesehe und ihre Auswirkungen in der Sexualethik des 12. und 13. Jahrhunderts bis Thomas von Aquin. Eine moralgeschichtliche Untersuchung, (Studien zur Geschichte der katholischen Moraltheologie 1), Regensburg 1954.

Toepfer, Regina/Wahrig, Bettina, Kinderlosigkeit im Mittelalter, (Das Mittelalter 26), Heidelberg 2021.

In der Reihe „Franziskanische Akzente" sind bisher erschienen:

Bd. 1: Mirjam Schambeck, Nach Gott fragen zwischen Dunkel und Licht
Bd. 2: Helmut Schlegel, Die heilende Kraft menschlicher Spannungen
Bd. 3: Katharina Kluitmann, Wachsen – über mich hinaus
Bd. 4: Cornelius Bohl, Auf den Geschmack des Lebens kommen
Bd. 5: Martina Kreidler-Kos, Lebensmutig. Klara von Assisi und ihre Gefährtinnen
Bd. 6: Nikolaus Kuster, Franz von Assisi – Freiheit und Geschwisterlichkeit in der Kirche
Bd. 7: Herman Schalück, Prophetisch glauben. Aufbrüche in franziskanischer Spiritualität
Bd. 8: Stefan Federbusch, Nachhaltig wirtschaften – gerecht teilen
Bd. 9: Thomas Dienberg, Leiten – Von der Kunst des Dienens
Bd. 10: Anton Rotzetter, Alles auf den Kopf stellen – neue Wurzeln schlagen. Mit Franz von Assisi Schöpfung gestalten
Bd. 11: Helmut Schlegel, Glaubensgeschichten sind Weggeschichten. Die Emmauserzählung als Modell christlicher Existenz
Bd. 12: Nicole Grochowina, Franziskus und Luther. Freunde über die Zeiten
Bd. 13: Jürgen Neitzert, Muslime und Christen. Ein franziskanischer Blick auf den Islam
Bd. 14: Paulin Link, Der Sehnsucht Raum geben. Die Kunst der franziskanischen Wegbegleitung
Bd. 15: Mirjam Schambeck, Unbehauste Heimat. Von der Sehnsucht anzukommen
Bd. 16: Hermann Schalück, Den Gottesfaden erkennen. Die Ernte meines Lebens

Bd. 17: Sabine Pemsel-Maier, Genderperspektiven – neue Blicke auf Klara von Assisi

Bd. 18: Leonhard Lehmann, Vom Beten zur Kontemplation. Hinführung zur franziskanischen Praxis des Verweilens vor Gott

Bd. 19: Udo F. Schmälzle, Wissen, Bildung und Schule neu denken. Zugänge zu einem franziskanischen Bildungskonzept

Bd. 20: Wilhelm Bruners, Gottes hauchdünnes Schweigen. Auf seine Stimme hören

Bd. 21: Burkhard Hose, Es reicht. Auf dem Weg zu einer neuen Kultur des Teilens

Bd. 22: Niklaus Kuster, Spiegel des Lichts. Franz von Assisi – Prophet der Weltreligionen

Bd. 23: Jan Frerichs, Nach der Erleuchtung: Boden wischen. Ein franziskanisches Alltagsprogramm

Bd. 24: Margit Eckholt, Frauen in der Kirche. Zwischen Entmächtigung und Ermächtigung

Bd. 25: Mirjam Schambeck/Elisabeth Wöhrle, Im Innern barfuß. Auf der Suche nach alltagstauglichem Beten

Bd. 26: Heribert Arens/Martino Machowiak, Lebendig alt sein

Bd. 27: Stephan Knobloch, Das Hiersein übertreffen. Der verborgene Gott in der modernen Literatur

Bd. 28: Georg Lauscher, Lebenskrisen und ihre Botschaften. Von Anfängen und Übergängen

Bd. 29: Stephan Sahm, In Würde sterben. Medizinische Ethik zur Sterbebegleitung

Bd. 30: Katrin Bederna, Alles wird gut? Franziskanische Inspirationen zur Klimakrise

Bd. 31: Cornelius Bohl, Vom Geschenk der Dankbarkeit

Bd. 32: Helmut Schlegel, Rückkehr ins Paradies. Vom Glück eines versöhnten Lebens

Bd. 33: Thomas Dienberg, Mit dem Pilgerstab durchs Leben

Bd. 34: Stefan Federbusch, Von der Zärtlichkeit Gottes. Eine Theologie der Berührung

Bd. 35: Ruth Näf Bernhard, Halte uns im Leben wach. Gedichte und Gebete

Bd. 36: Norbert Lammers/Stefan Diefenbach, Queer in Church. Wie ich mir eine divers-bejahende Kirche wünsche

Bd. 37: Johannes B. Freyer, Money, money, money. Eine franziskanische Ökonomie der fruchtbaren Genügsamkeit

Bd. 38: Hans Mendl, Franz von Assisi für junge Leute. Näher – tiefer – weiter

Bd. 39: Cornelius Bohl, Ohne Ort kein Glück? Spiritualität und Raum

Bd. 40: Christof Breitsameter, Liebe – und tu, was du willst. Thesen zur kirchlichen Sexualmoral